Jakob von Melle

Beschreibung einer Reise durch das nordwestliche

Deutschland

nach den Niederlanden und England im Jahre 1683

Jakob von Melle

Beschreibung einer Reise durch das nordwestliche Deutschland
nach den Niederlanden und England im Jahre 1683

ISBN/EAN: 9783743690998

Hergestellt in Europa, USA, Kanada, Australien, Japan

Cover: Foto ©Andreas Hilbeck / pixelio.de

Weitere Bücher finden Sie auf **www.hansebooks.com**

Beschreibung

einer

Reise durch das nordwestliche Deutschlan nach den Niederlanden und England

im Jahre 1683

von

Jakob v. Melle und Christian Henrich Postel.

Aus einer Handschrift der Lübeckischen Stadtbibliothek

herausgegeben

von

Dr. Carl Curtius,

Oberlehrer und Stadtbibliothekar.

LÜBECK
1891
GEBRÜDER BORCHERS.

DEN TEILNEHMERN

AN DER

20. VERSAMMLUNG

DES

HANSISCHEN GESCHICHTSVEREINS

AM

19. UND 20. MAI 1891

ZU

LÜBECK

GEWIDMET.

n einer Handschrift der Stadtbibliothek zu Lübeck ist die Beschreibung einer Reise erhalten, welche im Jahre 1683 von Hamburg durch das nordwestliche Deutschland nach den Niederlanden und England und von hier über Paris zurück nach Deutschland unternommen wurde. Die Namen der Reisenden erfahren wir aus den auf der ersten Seite der Handschrift am Rande beigeschriebenen Worten: „nemlich ich J. v. M. und H. Christian Hinrich Postel. J. V. L." Gemeint sind damit der Lübecker Theolog und Historiker Jakob von Melle und der Hamburger Dichter Christian Henrich Postel, welche nach Vollendung ihrer Universitätsstudien diese Reise mit einander machten. Beide waren später durch ihr vielseitiges Wissen und ihre schriftstellerische Thätigkeit in weiten Kreisen bekannte Männer.

Jakob von Melle wurde zu Lübeck am 17. Juni 1659 geboren und, als seine Eltern bald nach seiner Geburt ihren Wohnsitz nach Cappeln in Schleswig verlegten, der Fürsorge seines Oheims, des Predigers Bernhard Krechting, in Lübeck übergeben. Er besuchte sodann die Universitäten Kiel, Jena und Rostock, um Theologie zu studiren, und erwarb sich ausserdem gründliche Kenntnisse in der Geschichte, Philologie und den Naturwissenschaften. In Jena wurde v. Melle durch den Verkehr mit dem Professor Caspar Sagittarius, den er bereits zu Lübeck im Hause von Krechting kennen gelernt hatte, zu einer eingehenden Beschäftigung mit der Lübeckischen Geschichte angeregt. Er behandelte noch als Student die ältere Geschichte Lübecks in vier Abhandlungen und erwarb sich

1

dadurch unter dem Präsidium von Sagittarius die Magisterwürde.[1]) Von Jena begab er
sich auf ein Jahr nach Rostock, um sodann im Jahre 1681 in seine Vaterstadt zurück-
zukehren. Um die weitere Ausbildung des vielversprechenden Jünglings zu fördern, versah
ihn sein Pflegevater Krechting mit den nötigen Mitteln zu einer wissenschaftlichen Reise.
Diese unternahm er im Jahre 1683 mit Christian Henrich Postel, welchen er, wie es
scheint, in Rostock kennen gelernt hatte. Von jener Reise berichtet v. Melle in einer kurzen
Selbstbiographie (notitia majorum plurimas Lubecensium vitas comprehendens. Lipsiae 1707,
p. 8): Placuit autem haud multo post ad exteros quoque excurrere, quapropter per Ducatum
Bremensem et Orientalem Frisiam ad Belgas foederatos sum profectus, nitidissimisque
ipsorum emporiis et Academiis visis, Groningensi scilicet, Franequerana, Ultrajectina et Lugdu-
nensi, ubi viros omnium ordinum literatos compellavi, per Belgium Hispanicum praestan-
tissimasque ipsius provincias Brabantiam et Flandriam, Caletum Galliae petii, ac inde in
florentissimum Magnae Britanniae Regnum trajeci, ubi me praeter Londinum, clarissimum
illud omnis elegantiae ac opulentiae compendium, Oxoniensis maxime Academia et in hac
toto orbe celeberrima Bodleiana Bibliotheca tenuit. Hinc abii in Galliam ejusque passim
urbes et Academias, praecipue autem Lutetiam cum inclyta Sorbona sua, et varios secessus
Regios abunde contemplatus, per Campaniam et Lotharingiam in Germaniam remeavi, ac
Argentorati numero civium Academicorum adscriptus, apud Sebastianum Schmidium,
Theologum famigeratissimum, aliquantisper substiti. Zu Weihnacht 1683 kehrte v. Melle
nach Lübeck zurück, woselbst er bereits im folgenden Jahre zum Prediger an St. Marien
und 1706 zum Hauptpastor an dieser Kirche erwählt wurde. Er starb hochbetagt am
13. Juni 1743. Mit seiner langjährigen amtlichen Wirksamkeit verband er eine grosse
schriftstellerische Fruchtbarkeit, in welcher er sich als Polyhistor im Sinne der damaligen
Zeit zeigte. Er veröffentlichte verschiedene theologische, historische und numismatische
Arbeiten und legte sich eine auch von Fremden geschätzte Sammlung von Antiquitäten,
Naturalien und Münzen an.[2]) Ein bleibendes Verdienst aber hat Jakob von Melle sich
erworben durch seine während eines halben Jahrhunderts fortgesetzte Erforschung der
heimischen Geschichte und Altertumskunde. Seine „gründliche Nachricht von der Kaiserl.
freyen und des H. R. Reichs-Stadt Lübeck" (Lübeck 1713. 3. Aufl. von Schnobel 1787),
eine handschriftlich in mehreren Bearbeitungen hinterlassene Beschreibung der Geschichte
und Denkmäler Lübecks, welche er Lubeca religiosa und civilis nannte, und eine mit

---

[1]) Jacobus a Mellen, Historia antiqua, media, recentior Lubecensis. Jenae 1677—79. 4⁰.

[2]) Vgl. Zach. Conrad von Uffenbach, Merkwürdige Reisen durch Niedersachsen u. s. w. Ulm.
1753. Theil II. S. 37 ff. Ein grosser Teil des sog. „Museum" Melle's ist später verkauft und auseinander
gekommen, darunter namentlich auch die Münzen. Was in Lübeck geblieben ist, befindet sich jetzt in der
kulturhistorischen Sammlung. Den von ihm selbst geschriebenen Katalog seiner Sammlung (Jacobi a Melle
catalogus eorum, quae Museo nostro continentur), nach dem lange Zeit vergeblich gesucht worden ist, habe
ich kürzlich im Hause des hiesigen Weinhändlers Gerh. v. Melle wieder aufgefunden.

erstaunlichem Fleiss ausgeführte genealogische Aufzeichnung der Lübeckischen Geschlechter sind noch jetzt unentbehrliche Fundgruben für die Lübeckische Geschichts- und Kunstforschung.[1])

Nicht minder bekannt, ja von der Mitwelt noch gefeierter war der Name des Hamburger Dichters Christian Henrich Postel. Ueber seinen Lebensgang erhalten wir ausführlichere Nachrichten von zwei Zeitgenossen, nämlich von dem Hamburger Archivar Nic. Wilckens in einer Sammlung von Biographien unter dem Titel „Hamburgischer Ehren-Tempel" (aus den hinterlassenen Handschriften aufgerichtet von Ziegra. Hamburg. 1774. 4° S. 693 ff.) und von C. F. Weichmann (der grosse Wittekind in einem Helden-Gedichte von Christian Henrich Postel. Mit einer Vorrede von dessen Leben und Schriften von C. F. Weichmann. Hamburg. 1724. 8°), und nach diesen beiden Quellenschriften von Julius Elias in der Allgemeinen Deutschen Biographie (Bd. 26 S. 465 ff.). Postel ward am 11. Oktober 1658 zu Freiburg an der Elbe im Lande Kehdingen geboren und kam im Alter von 17 Jahren nach Hamburg, wohin sein Vater als Prediger berufen war. Nachdem er alsdann in Leipzig und Rostock die Rechtswissenschaft studiert hatte, wurde er auf der letzteren Universität am 10. Mai 1683 zum Licentiaten beider Rechte befördert. Am 19. Juni desselben Jahres trat er mit Jakob von Mello von Hamburg aus seine Reise an. In die Heimat zurückgekehrt, widmete er sich daselbst der Advokatur. Daneben erlangte er als Dichter eine gewisse Berühmtheit, indem er zahlreiche Opern für die Hamburger Bühne, verschiedene Gelegenheitsgedichte und Übersetzungen verfasste und ein erst nach seinem Tode veröffentlichtes Epos „Der grosse Wittekind" begann. Zwar ist das dichterische Talent Postel's nicht gross und seine Bedeutung in der deutschen Litteratur nur eine untergeordnete, da er sich den schwülstigen und flachen Stil Lohenstein's und Hoffmannswaldau's zum Vorbild nahm[2]); doch wurden seine Opern viel aufgeführt und von den Zeitgenossen so sehr bewundert, dass sein Biograph Weichmann ihn „aller Niedersächsischen Poeten Grossvater" nennen konnte. Derselbe berichtet in der Vorrede zum grossen Wittekind von Postel: „Seine Opern waren mehrentheils mit langen gelehrten Vorreden begleitet, darin er eine weitläuftige Belesenheit zeigte, und pflegte er

---

[1]) Über Jakob von Melle's Leben und Schriften sind ausser dessen kurzer Selbstbiographie in der bereits angeführten Schrift notitia majorum zu vergleichen: Letztes Ruhm und Ehrenmaal Herrn M. Jakob von Melle, aufgerichtet von Carl Heinrich Langen. Lübeck 1743 fol. — Memoria domini M. Jacobi a Melle, literis consignata a Jo. Henr. aSeelen. Lubecae 1743 fol. — M. Jakob von Melle. Von Joh. Carl Jos. von Melle, Prediger an der Lorenzkirche, in der Zeitschr. f. Lübeck. Gesch. und Alt. I. S. 10 ff. Der letztere giebt eine ausführliche Darstellung von dem Leben und der schriftstellerischen Thätigkeit seines berühmten Vorfahren mit Benutzung von dessen handschriftlichem Nachlass. (Vgl. unten S. 5).

[2]) Auf die poetische Bedeutung Postel's und seine litterarische Fehde mit Christian Wernicke kann hier nicht näher eingegangen werden. Vgl. darüber ausser den im Text angeführten Schriften K. H. Jördens, Lexikon deutscher Dichter und Prosaisten. Leipzig 1809. Bd. IV. S. 210 ff. H. Schröder, Hamburgisches Schriftsteller-Lexikon. Bd. 6. S. 99 f. Gödeke, Grundriss z. Gesch. d. deutschen Dichtung. 2. Aufl. Bd. 3. S. 334.

zu sagen, dass er die Singe-Spiele zu Anderer, die Vorreden derselben zu seinem eigenen Vergnügen machte". — — „In Sprachen war er dermassen geübt, dass er die Hoch- und Platt-Teutsche, Holländische, Französische, Italienische, Englische, Spanische, Portugiesische, Lateinische und Griechische nicht allein völlig verstund, sondern auch viele davon mit grösster Fertigkeit redete." Auch Postel war, wie wir hieraus sehen, ein Polyhistor und glich darin seinem Freunde Jakob von Melle in Lübeck, mit dem er auch von Hamburg aus in näherer Beziehung blieb. An den letzteren sandte Postel nämlich einen langen lateinischen Brief über den Nutzen der spanischen Sprache, welcher in der von jenem herausgegebenen Zeitschrift Nova litteraria maris Balthici (Lubecae 1704 p. 111 ff.) abgedruckt ist.[1] Im Jahre 1700 begab Postel sich noch einmal auf die Reise, um Italien und die Schweiz zu besuchen. Einige Zeit darnach, am 22. März 1705, erlag er in Hamburg einer auszehrenden Krankheit.

Bei der Bedeutung Postel's und von Melle's für die Litteratur ihrer Zeit wird es gerechtfertigt erscheinen, wenn hier die Beschreibung ihrer Studienreise und ihre vor mehr als 200 Jahren gemachten Beobachtungen über verschiedene deutsche, niederländische und englische Städte veröffentlicht werden. Das Tagebuch beschränkt sich nämlich nicht auf flüchtige Eindrücke und Skizzen von Land und Leuten: es giebt vielmehr ausführliche Mitteilungen über das geistige Leben, die Kunstdenkmäler, Sammlungen, Universitäten und Bibliotheken in den Niederlanden und in England, sowie über die an ihnen wirkenden Gelehrten, und zeigt eine gründliche Vorbereitung auf die Reise und Studium der darauf bezüglichen Litteratur. Unter den dazu benutzten Werken werden in dem Tagebuch selbst angeführt: Gotfr. Hegenitii itinerarium Frisio-Hollandicum et Abr. Ortelii itinerarium Gallo-Brabanticum et Joa. Viviani itinerarium per nonnullas Galliae Belgicae partes. Lugd. Batav. 1630. 8⁰. — J. C. Beccmanni historia orbis terrarum geographica et civilis. Francofurti ad Oderam 1673. 4⁰. — Abrah. Gölnitz, Ulysses Belgico-Gallicus. Ludg. Bat. 1631. — Hadriani Junii Batavia. Ludg. Bat. 1588. — The present state of England. The present state of London.[2] — Notitia Oxoniensis Academiae. Londini 1675. — Marmora Arundelliana sive saxa Graece incisa. Publicavit Joa. Seldenius Londini 1628. — Marmora Oxoniensia ex Arundellianis Seldenianis aliisque conflata. Rec. Humphridus Prideaux. Oxonii 1676.

Die Handschrift der Lübeckischen Stadtbibliothek besteht in einem kleinen 0,15 Meter hohen und 0,09 Meter breiten Buch; als Einband dient ein Pergamentblatt

---

[1] Die Überschrift der Abhandlung lautet: Christ. Henrici Postelli ad Jacobum a Mellen de linguae Hispanicae difficultate, elegantia ac utilitate epistola. · Veranlassung zu diesem Schreiben gab ein lateinischer Brief von Caspar Lindenberg (Hauptpastor an St. Petri zu Lübeck. † 1713) ad Henr. Balemannum Reip. Lubecensis secretarium de non contemnendis ex lingua Hispanica utilitatibus Theologicis epistola. In den Nova litt. maris Balthici. Lubecae 1702 p. 301.

[2] Diese beiden bei der Beschreibung von England mehrfach in dem Tagebuch angeführten Schriften habe ich nirgends auffinden können.

aus einem alten Messbuch mit Noten und lateinischem Text. S. 1—59 enthält in ununterbrochener Folge ein Tagebuch der Reise von Hamburg nach den Niederlanden, über Calais nach London und Oxford, sodann über Rouen nach Paris. Mit der Ankunft in Paris bricht die ausführliche Beschreibung ab, und es folgt auf S. 60—61 nur eine kurze Angabe der auf der Rückreise nach Strassburg und von hier durch Deutschland bis nach Lübeck berührten Städte. An einigen Stellen sind Federzeichnungen von einzelnen Denkmälern im Text oder am Rande hinzugefügt. Von S. 62 an ist das Buch nicht paginiert und unbeschrieben mit Ausnahme weniger Seiten, welche verschiedene gelehrte Reisenotizen enthalten, so z. B. ein Verzeichnis von Münzsammlern mit der Überschrift Nummophylacia. eine Zeichnung des Lambeth-house in London, eine Wertangabe der in Holland, England und Frankreich geltenden Münzen, eine Zusammenstellung von Inschriften in mehreren Städten und einige Auszüge aus französischen Werken.

Die am Rande von S. 1 beigeschriebenen Worte „nämlich ich J. v. M. und H. Christian Hinrich Postel J. V. L." und die kurzen Angaben über die Rückreise von Paris stammen, wie hier leicht festgestellt werden konnte, von Jakob von Melle's Hand. Das ganze übrige Tagebuch (S. 1—59) zeigt eine davon abweichende Handschrift und ist mit feineren aber deutlicheren Zügen und mit blasserer Tinte geschrieben. Hier entsteht nun die Frage, ob diese Schrift auch von v. Melle oder von einem anderen, also etwa von Postel herrührt. Ich habe mich daher zunächst erkundigt, ob in Hamburg irgendwo ein handschriftlicher Nachlass von Postel vorhanden sei. Allein sowohl von Seiten der dortigen Stadtbibliothek als auch von Herrn Dr. Julius Elias in München, welcher eingehende Studien über das Hamburgische Geistesleben an Ort und Stelle gemacht hat, wird mir mitgeteilt, dass handschriftliche Dokumente von dem Hamburger Litterator nicht vorhanden sind. Schreibt doch schon Weichmann in der Vorrede zum Wittekind, dass Postel's sehr erlesene Bibliothek und selbst seine eigenen Manuskripte ganz von einander gekommen und zerstreut worden seien. Dennoch habe ich lange Zeit wegen der beiden von einander verschiedenen Schriften geglaubt, dass das Tagebuch (S. 1—59) von Postel geschrieben, und nur der Schluss (S. 60—61) nebst der Randnotiz am Anfang von Jakob v. Melle hinzugefügt sei. Als ich indessen vor kurzem den noch im Besitz der Familie befindlichen Nachlass des letzteren durchforscht hatte, gelangte ich bald zu der Überzeugung, dass das ganze Tagebuch von seiner Hand herrührt. Es haben nämlich der Weinhändler Herr Gerh. v. Melle in Lübeck und die Seniorin des hiesigen Johannisklosters, Fräu'ein Emma v. Melle noch einige gedruckte Schriften ihres berühmten Vorfahren mit eigenhändigen Nach- trägen, und ausserdem eine von dem Prediger an St. Lorenz, Johann Carl Joseph v. Melle, im Jahre 1818 abgefasste Familienchronik. Daselbst heisst es in der Lebensbeschreibung Jakob v. Melle's auf S. 4: „Unter alten Papieren fand sich das Fragment eines damals geführten Tagebuchs (wahrscheinlich ein Blatt aus seinem ausführlichen Itinerario, welches er 32 Jahre später seinem Sohn Samuel Gerhard mit auf die Reise gab. Ob es noch vorhanden, weiss ich nicht), in welchem die genommene Reiseroute von Paris bis

Strassburg genau verzeichnet ist.[11]) Auch dieses Blatt fand sich noch im Besitze der Seniorin v. Melle vor. Es ist dem Familienexemplar des bereits erwähnten Nekrologs (Letztes Ruhm und Ehrenmaal Herrn M. Jacob von Melle von C. H. Lange, Lübeck 1743) angeklebt und enthält auf der einen Seite die Reiseerlebnisse von Paris bis Strassburg mit der Unterschrift Jacobus a Melle. Diese offenbar während der Reise selbst niedergeschriebenen Aufzeichnungen, sowie die Randnotizen in den Handexemplaren von einigen seiner ersten Schriften (z. B. in der historia Lubecensis antiqua, media et recentior 1677—79), welche uns ebenfalls die Schriftzüge Jakob v. Melle's in seinen Jugendjahren erhalten haben, zeigen eine entschiedene und in manchen Einzelheiten genaue Übereinstimmung der Handschrift mit der des Tagebuchs. Es hat daher v. Melle ohne Zweifel die Beschreibung der Reise von Hamburg bis Paris unterwegs selbst geschrieben, wofür auch die zahlreichen Korrekturen, Streichungen und Bemerkungen am Rande der Handschrift sprechen, und nur den Nachtrag (S. 60—61) über die Rückreise vielleicht mit Benutzung des soeben erwähnten Blattes in späteren Jahren hinzugefügt, als seine Handschrift sich bereits sehr verändert hatte. Daraus erklärt sich zugleich auch, dass die Schrift in dem Nachtrag auf den ersten Blick als dieselbe erscheint wie in der Lubeca religiosa und anderen handschriftlichen Aufzeichnungen v. Melle's (S. 3), welche aus späterer Zeit stammen.

Hatte denn aber Postel gar keinen Anteil an dem Tagebuch? Es wurde schon bemerkt, dass von ihm leider gar nichts Handschriftliches in Hamburg vorhanden ist (S. 5). Dagegen erfahren wir von Weichmann in der Vorrede zum grossen Wittekind und von Wilckens in dem Hamburgischen Ehren-Tempel, dass auch Postel auf seinen beiden Reisen in den Jahren 1683 und 1700 sorgfältige Tagebücher geführt habe. Dieselben müssen seinen beiden Biographen noch vorgelegen haben, da sie ausführliche Mitteilungen daraus machen, und da namentlich Wilckens die Städte, Denkmäler, Sammlungen und Persönlichkeiten, welche Postel sah, einzeln angiebt. Weichmann berichtet nun darüber: „Er geht aber, wie gedacht, mit dieser Reisebeschreibung nicht weiter als bis in Paris, von da er Italien besuchte und durch Teutschland wieder zu Hause kam." Und Wilckens schreibt, nachdem er zuvor einen Auszug aus Postel's Tagebuch in den Niederlanden und England gegeben hat, a. a. O. S. 698 ff.: „Was in dieser grossen Stadt (Paris) meritiret gesehen zu werden, ist von ihm sorgfältig observiret worden, wie er denn in einer angenehmen Kürze das ganze Paris mit seinen Merkwürdigkeiten aufgezeichnet" — — „Als er nun Frankreich quittiret, ist er wieder wohlbehalten zu Hamburg angekommen." Ob nun, wie Wilckens erzählt, Postel von Frankreich direkt nach Deutschland zurückkehrte und in diesem Fall vermutlich seinen Freund v. Melle begleitete, oder ob er sich in Paris

---

[1]) Man sieht hieraus, dass der Prediger v. Melle an St. Lorenz das vielleicht schon damals, als er die Familienchronik schrieb (S. 5), in der Stadtbibliothek befindliche Tagebuch nicht kannte. Die in jener erwähnte Reise Samuel Gerhard v. Melle's, eines Sohnes von Jakob und Predigers an St. Ägidien, fällt in das Jahr 1715. Auch er besuchte die Niederlande, England und Frankreich und verfasste ein ebenfalls noch erhaltenes Tagebuch.

von letzterem trennte und, wenn Weichmann recht hat, von hier aus auf seiner ersten
Reise auch noch Italien besuchte, lässt sich nicht mit Sicherheit ermitteln.[1] Dagegen ist
zu beachten, dass auch Postel's Tagebuch in Paris abbrach. Er scheint hier ein zweites
Buch begonnen zu haben, aus dem später Wilckens seine Mitteilungen über den Aufenthalt
in Paris entnahm, während Jakob von Melle seine ausführliche Reisebeschreibung mit der
Ankunft in jener Stadt abschloss und nur auf dem gleichfalls noch erhaltenen Blatte (S. 6)
den Gang der Rückreise kurz verzeichnete.

Vergleichen wir nun die umfangreichen Auszüge von Wilckens aus Postel's Tagebuch mit dem Jakob v. Melle's, so begegnen wir einer grossen Ähnlichkeit, ja oft einer
fast wörtlichen Übereinstimmung in Einzelheiten und in der Wahl des Ausdrucks.
Insbesondere erwähne ich hier die , sehr ähnlichen Beschreibungen der Bibliotheken zu
Antwerpen, Brüssel und Oxford, die Epitaphien in der Westminster-Abtei und zwei an
beiden Stellen eingelegte Gedichte, in welchen Postel die Herrlichkeiten des Haag's
besingt. Freilich fehlt in der Lübeckischen Handschrift ein drittes von Postel bei der
Abreise von England abgefasstes Gedicht, welches von Wilckens (a. a. O. S. 697) mitgeteilt wird und so beginnt:

„Wo treibt mich endlich hin Verhängniss, Wind und Wellen?
Wo wird noch dermahl eins mein Glück und Anker stehn?
Wann wird Vergnüglichkeit sich mir zur Seite stellen?
Wann wird mein wankend Schiff zum sicheren Hafen gehn?
Die Schickung hat mich hier nach Engeland geführet" u. s. w.

Allein, abgesehen von diesem Gedichte, ist die Übereinstimmung zwischen den
beiden Tagebüchern eine so auffallende, dass sie sich nicht nur aus der gemeinschaftlichen
Reise und aus den gleichen Erlebnissen und Besichtigungen erklären lässt. Die beiden
Freunde müssen vielmehr sich zu ihren Reisebüchern gegenseitig Mitteilungen gemacht und
manche Abschnitte auch im Einzelnen mit einander festgestellt und niedergeschrieben
haben. Wenn demnach auch jeder für sich sein Tagebuch führte, so kann dasselbe doch
gewissermassen als ein gemeinsames gelten. In diesem werden wir die Beschreibung der
zahlreichen Kunstdenkmäler nebst ihren Inschriften Jakob von Melle zuschreiben dürfen,
der auch später in Lübeck hierfür ein besonderes Interesse an den Tag legte, während die
Gedichte und ohne Zweifel auch noch manche andere Beiträge von Postel herrühren.

In dem Abdruck der Reisebeschreibung habe ich die Orthographie der Handschrift
beibehalten.[2] Wenn jedoch an einigen Stellen durch Zeichen auf Nachträge verwiesen

---

[1] Eine Ausdehnung der ersten Reise Postel's nach Italien nehmen ausser Weichmann auch
Jördens (Lexikon Deutscher Dichter und Prosaisten Bd. 4 S. 210) und Schröder im Hamburgischen Schrift-
stellerlexikon (Bd. 6 S. 99) an, während Julius Elias in der allg. Deutschen Biographie ihn mit Wilckens von
Paris sogleich nach Hamburg zurückkehren lässt.

[2] Da jedoch in der Handschrift die grossen und kleinen Anfangsbuchstaben ohne jede Konsequenz
wechseln, habe ich bei Hauptwörtern stets einen grossen Anfangsbuchstaben genommen.

wird, welche erst auf einer späteren Seite in den Text eingeschaltet sind, so habe ich jene da eingefügt, wohin sie durch die erwähnten Zeichen bestimmt waren. Wo eine Zeichnung hinzugefügt (S 5), oder wo ein Abschnitt ausgelassen ist, wird durch eine Anmerkung darauf hingewiesen. So sind bei der Beschreibung von London die Inschriften auf den zahlreichen Epitaphien in der Westminster-Abtei fortgelassen, da diese bereits in verschiedenen Werken vollständiger und genauer veröffentlicht worden sind. Ich verweise dafür auf the history of the Abbey Church of St. Peter's Westminster, its Antiquities and Monuments (London 1812 fol. 2 voll.). Auch bei der ausführlichen Beschreibung von Oxford, welche allein in lateinischer Sprache abgefasst ist, schien eine wesentliche Kürzung geboten. Der Verfasser des Tagebuchs giebt nämlich hier nicht seine eigenen Beobachtungen sondern einen Auszug aus dem bereits (S. 4) erwähnten Werke Notitia Oxoniensis Academiae. Es hat daher kein Interesse, die aus demselben entlehnte Aufzählung der sämtlichen collegia, aulae und sonstigen Universitätsinstitute noch einmal zu veröffentlichen. Nur den Abschnitt „de bibliotheca" habe ich aufgenommen, da dieser ganz oder wenigstens zum Teil auf selbständigen Aufzeichnungen der Reisenden zu beruhen scheint. Was endlich an gelegentlichen Notizen hinter der eigentlichen Reisebeschreibung auf einzelnen Blättern der Handschrift eingetragen ist (S. 5), konnte hier ganz bei Seite gelassen werden.

Die dem Text beigefügten Anmerkungen beschränken sich auf einige der Erklärung besonders bedürfende Angaben und geben einzelne Notizen über die Lage und den jetzigen Zustand der beschriebenen Denkmä'er, sowie über die Geschichte und litterarische Bedeutung der erwähnten Personen. Bei den Städten und ihren Denkmälern sind namentlich solche Werke herangezogen worden, welche ungefähr aus derselben Zeit stammen wie die vorliegende Reisebeschreibung. Auf irgend welche Vollständigkeit können indessen die Anmerkungen keinen Anspruch machen. Denn obwohl ich neben den Hilfsmitteln der hiesigen Stadtbibliothek verschiedene Werke der Königl. Bibliothek in Berlin, der Herz. Bibliothek in Gotha und der Hamburgischen Stadtbibliothek benutzt, und ausserdem manche briefliche Mitteilungen von Gelehrten der betreffenden Städte erhalten habe[1]), war es mir doch unmöglich, sämtliche Angaben des Tagebuchs auf ihre Richtigkeit zu prüfen und litterarische Nachweise darüber beizubringen. Im allgemeinen verweise ich auf Zeiller's Topographia Saxoniae inferioris, Frankfurt a. M. 1653, und Topographia Germaniae inferioris, Frankfurt a. M. 1659, sowie auf Zacharias Conrad von Uffenbach's Merkwürdige Reisen durch Niedersachsen, Holland und Engelland, Theil II—III, Ulm

---

[1]) Briefliche Mitteilungen auf verschiedene Anfragen habe ich erhalten von den Herren Stadtbibliothekar Dr. Bulthaupt über Bremen, Regierungsrat Dr. Kollmann über Oldenburg, Kirchenrat Vietor über Emden, Oberbibliothekar du Rieu über Leiden und über verschiedene Gegenstände von Herrn Professor Dietrich Schäfer in Tübingen. Auch hat Herr stud. L. Heller mir mehrere Nachweise aus hier nicht vorhandenen Werken der Göttinger Universitäts-Bibliothek gesandt. Allen diesen Herren sage ich für ihre freundlichen Bemühungen meinen verbindlichsten Dank.

1753—54. Der letztere ist im Jahre 1710 von Lübeck aus über Hamburg und Bremen nach Holland gereist und berührt sich in der Beschreibung der von ihm besuchten Deutschen und niederländischen Städte oft mit den Angaben des hier folgenden Tagebuchs.

—————————

α/ω

Anno 1683 den 15. Junii Nachmittags ums 1 Uhr fuhren wir[1]) mit einem Ever von

Hamburg

die Elbe hinunter, des Vorhabens, noch den Abend die Stadt Buxtehude zu erreichen: weil uns aber die Flut mit einem heftigen Sturm zu stark und zu zeitig entgegen kahm, mussten wir Anker werfen unter Finken-Werder, und mehr als 4 Stunden stille liegen, biss wieder Ebbe ward, kahmen also ganz späte nicht weiter als 2 Meilen von Hamburg in den Hafen der Este nach einem Dorf zum Krantz genandt, da wir übernachteten.

Den anderen Morgen giengen wir mit unserm Ever die Este hinauf: Este-Brück vorbey nach

Buxtehude,

ein klein Städtgen an dem Fluss Este gelegen, und mit noch einem andern lustigen Wasser, Viber[2]) genand, umflossen. Von hier reisten wir zu Lande weiter auf

Olde-Kloster,[3])

einen Kanon-Schuss von Buxtehude, darin nur 5 Nonnen, als 4 catholische und 1 evangelische waren, dann über Ahrenswoold (ein Dorf)[4]) und über die Oste, welcher sonst schiffreicher Fluss alhier sehr schmal und seichte war, nach

Zeven

(4 M.) ein Kloster, darin nur noch eine katholische Nonne war, samt beiliegendem Flecken, mitten im dicken Walde, alwo wir zu Nacht blieben.[5])

—————————

[1]) Hier wird durch ein Zeichen verwiesen auf die am Rande beigeschriebenen Worte: nemlich Ich I. v. M. und H. Christian Hinrich Postel, I. V. L. Vgl. S. 1 und 5.

[2]) Viver (vielleicht aus Vivarium) ist der Name des alten Festungsgrabens von Buxtehude. Vgl. Büsching, neue Erdbeschreibung 6. Aufl. Theil III Bd. 3 S. 94. Hollwald, in der Zeitschrift „Über Land und Meer" Bd. 64 (1890) S. 1032.

[3]) Jetzt Dorf Altkloster, früher ein Benediktiner-Nonnenkloster.

[4]) Ahrenswohlde, ein Dorf im S.W. von Buxtehude.

[5]) Die letzte Nonne des durch die schmachvolle Konvention des Herzogs von Cumberland bekannten Klosters Zeven starb im Jahre 1604. Vgl. Büsching a. a. O. S. 97.

Den 21. fuhren wir nach dem Dorfe Fischer-hude (3 M.), sahen unterwegs zur linken Seiten das Schloss und Festung Ottersberg[1]) und liessen uns mit kleinen Schiffen auf dem lustigen Flusse der Wümme 1 Meil hinab führen nach Ober-Neu-Land, und von dar noch 1 Meile zu Lande nach

Bremen.

Die Stadt Bremen liegt an der Weser, welche durchhinfleust, und dieselbe in die alte und Neu-Stadt theilet. Beide Städte sind mit einer grossen Brücken zusammengefügt, an welcher längst her viele Schiffmühlen liegen. Am Ende dieser Brücken nach der alten Stadt hin ist ein grosses Rad, welches von der Weser immer umgetrieben wird, und das Wasser emporhebt, um solches durch die Stadt zu leiten.[2]) Es sind alhier in der alten Stadt unterschiedliche feine Kirchen, darunter aber nur allein der Thum (ein altes zimlich verfallenes Gebäude) evangelisch ist; die andern als S. Anscharius-, Unser L. Frauen, S. Stephans-Kirch, etc. sind alle reformirt. In der Neustadt sahen wir nur eine ziemlich neue Kirche. Sonsten ist die Neustadt wenig bebauet nach ihrer Grösse, und hat sehr viele ungepflasterte Plätze und Gärten. Auf der alten Stadt ist ein schönes Rathauss, woran das Warzeichen eine kleine geschnitzte Henne mit ihren Küchlein ist.[3]) Nahe darbey ist der Markt, ein kleiner aber mit Fliesen gepflasterter und mit Mauren eingefaster Platz. Daselbst ist auch die also genandte Studenten-Börse, der Roland, und an einer andern Seiten der Schütting, ein grosses feingebautes Haus.[4]) Die Wonhäuser der Stadt sind sonst ziemlich gebauet, insgemein sehr hoch, und meist alle über der Thür mit einem Spruch gezieret. An einem Hause in der Oberngassen, nicht weit vom weissen Schwan (da wir logirt waren) stehet über der Thür ein sehr artig geschnitzter Mercurius, welchen man

---

[1]) Die Festung Ottersberg auf drei Inseln der Wümme wurde 1667 von dem Bischof von Münster Chr. Bernh. von Galen angelegt, aber 1717 zerstört und 1757 wiederhergestellt. Büsching S. 98. Daniel Handb. d. Geogr. Stuttg. 1803 III 1215.

[2]) Von dem grossen Wasserrad an der Weserbrücke findet sich eine ausführliche Beschreibung bei Uffenbach, Merkwürdige Reisen durch Niedersachsen, Holland und Engelland. II. S. 186. Dasselbe brachte bei jeder Umdrehung neun Tonnen Wasser in die Höhe, welches alsdann durch Röhren in die Altstadt geleitet wurde. Vgl. Zeiller, Topogr. Sax. inf. p. 510 und Büsching s. a. O. S. 557.

[3]) Im Zwickel eines Bogens an der Renaissance-Vorhalle des Bremer Rathauses befindet sich eine weibliche Figur (Treue), welche eine Henne mit ihren Küchlein hält. Diese galt den Haudwerksburschen in der Fremde als das Wahrzeichen von Bremen. Vgl. Denkmale der Geschichte und Kunst der freien und Hansestadt Bremen Abt. I S. 21 und die Abbildung auf Tafel XVI.

[4]) Auf einer alten, um das Jahr 1600 entstandenen, Skizze des Marktes (Denkmale der Geschichte und Kunst II. S. 112 Taf. X) erscheint zwischen dem Schütting, dem Hause der Älterleute der Kaufmannschaft, und dem Rathaus ein von einer drei Fuss hohen Mauer umgebener viereckiger Platz: „Dieser dieute den Kaufleuten als Börse und den Studenten in ihren Mussestunden als Promenade" (nach brieflicher Mitteilung des Herrn Stadtbibliothekar Dr. Bulthaupt in Bremen). Die daselbst befindliche Statue des Roland ist abgebildet in den Denkmalen I. Taf. I und bei Boringuier, die Rolande Deutschlands, Berlin 1890, S. 53 ff.

seiner schönen Posture wegen mit recht le Mercure galant[1] nennen möchte. Die Riviere der Weser ist vor der Stadt so seichte, dass man mit grossen ordinairen Schiffen nicht hinankommen kan, derowegen lassen die Bürger ihre Güter mit langen, platten und bedeckten Schiffen heraufbringen. Die Weiber, welche sich nach der Bremischen Mode tragen, haben einen possierlichen Habit, lange spitze Mützen mit glatten schwartzen Corallen am Ende umwunden[2], Röcke mit breiten sammietenen Schnüren in der Mitte verbremet, und dergleichen.

Den 22. Jun. reiseten wir weiter nach

Delmenhorst

(1 M.) eine gräfliche Stad, und befestigtes Schloss, von dar über das Dorf Dingstedt[3], 4 Meil. Weges nach

Oldenburg,

da wir den gantzen Weg bis zur Stelle von einem so gewaltigen durchdringenden Regen begleitet wurden, dass wir einen solchen Gefährten selten wieder antraffen, auch niemahls wiederum begehren werden. Die gräffliche Stadt Oldenburg liegt an der Hunte, ist vordem wohl eine schöne Stadt gewesen, aber nunmehr durch den Brand von A. 1676 sehr ruinirt. Dennoch stehen noch feine Kirchen und Häuser darin, absonderlich ein schönes gräffliches Schloss.[4] Auf demselben wird das wunderbare Horn gezeigt, welches a. 939 eine Jungfer Graf Otto von Oldenburg auf der Jagd soll presentiret haben[5] etc. Die gräfflichen

---

[1] Über den von Holz geschnitzten „Mercure galant" ist in Bremen nichts mehr bekannt. Le Mercure galant ist der Titel einer im 17. Jahrhundert zu Paris erschienenen Zeitschrift, aus welcher v. Mello am Schluss der Handschrift ein Excerpt mitteilt (S. 5).

[2] Gemeint sind hier wohl die sog. Tip-Hoiken, lange Frauenmäntel mit Kaputzen, welche eine an der Stirn vorragende Spitze hatten. Vgl. Denkmale II S. 123.

[3] Dingstedo. Vgl. Uffenbach a. a. O. II S. 217.

[4] Das alte gräfliche Schloss dient jetzt als Wohnung des Erbgrossherzogs und zur Abhaltung grösserer Festlichkeiten.

[5] Das Oldenburger Wunderhorn, der Sage nach einem Grafen Otto im zehnten Jahrhundert, als er auf der Jagd verschmachten wollte, von einer Fee gefüllt dargeboten, wurde, wie mir Herr Regierungsrat Dr. Kollmann schreibt, auf Bestellung des Grafen Gerhard des Mutigen im 15. Jahrhundert zu Köln angefertigt, und im Jahre 1690 von Oldenburg nach Kopenhagen gebracht, wo es sich jetzt im Schloss Rosenborg befindet. Dagegen glaubt P. Brock (Rosenborg Slot. Kjobenhavn 1884 p. 19 ff.), das Horn sei von Daniel Arotaeus im Auftrag König Christian's I. von Dänemark angefertigt, welcher in den Jahren 1474—75 eine Reise nach Köln zur Schlichtung eines Streites zwischen dem dortigen Erzbischof und seinem Domkapitel unternahm und das Horn ursprünglich zu einer Gabe an die heiligen drei Könige bestimmt hatte. Es ist ein Kredenzbecher aus Silber mit Vergoldung, in Form eines Trinkhorns, welches auf zwei turmartigen Füssen und zwei Greifen ruht, und enthält Darstellungen aus dem Ritterleben in gegossener und getriebener Arbeit. Abgebildet bei Brock und auf dem Titelbild zu Bd. 2 von des Knaben Wunderhorn und in der Illustrierten Zeitung vom 29. Mai 1886.

2*

Begräbnissen sind auch allhier, Reitplatz, Pferdestall, und so ferner. An der einen Seite ist eine grosse Vorstadt, die rechte Stadt aber ziemlich befestiget[1], und lagen dissmahl über 3 Regimenter dänische Völcker zur Besatzung darinnen.[2] Wir waren hier logirt zum güldenen Leuen.

Den 23. Jun. fuhren wir von Oldenburg durch Blixhus, ein feines Wirtshauss, (woselbst gegen Oldenburg zu auf dem Felde wir mehr als 100 Hirsche gross und klein antraffen, die auf einer Stelle gleich dem Rindviehe weideten) vier Meilen Weges nach

Ape

einem Flecken, samt einem Schlosse, welches befestiget ist, und einen Hauptmann mit 30 Soldaten zur Besatzung hatte. Es liegt an einem Wasser, welches in die Emse fleust und von den Einwohnern Deep genand wird. Von hier ging die Reise auf Holtgast[3], eine Redoute, ³/₄ Meil. von Ape, woselbst sich das Oldenburgische und Ostfriesland scheidet. Dann auf Deterner-Schantz, ebenmässig eine redoute, Ostfriesischen Gebiets, und ein gross Dorff Detern benahmet (1½ M.). Dieses liegt nahe bey Stickhusen einem festen Schlosse, um welches wir herumbfuhren, nach

Leer

einem Flecken, welcher 1 starke Meil von Detern liegt, und sowohl seiner zierlich gebauten Häuser als Grösse wegen billig eine Stadt mögte genandt werden. Die Emse fleust hart neben hin, auf welcher wir mit einem Fährschiff, die Nacht über (2 M.), hinunterfuhren über den Dollert nach

Embden.

Diese Haupt-Stadt von Ost-Friesland lieget an der Emse, welche an unterschied-lichen Orten durch die Stadt fleust, und sie in 3 Theile, eigentlich aber in die alte und Neustadt abtheilet[4]: Die Fortification dieser Stadt ist der vielen Abschnitte wegen, so sie machen können, sonderbar. Allhier sind drei teutsche Kirchen, die Grosse, Neue und

---

[1] Die rechte Stadt bezeichnet die eigentliche Stadt oder Altstadt am linken Ufer der Hunte. Unter der Vorstadt sind die Häuser des sog. mittleren Dammes, welcher nach der Osternburg führt, zu verstehen. (Nach Mitteilungen von Herrn Dr. Kollmann.)

[2] Oldenburg stand von 1667–1773 unter Dänischer Herrschaft.

[3] Das hier gemeinte Holtgast ist ein Dorf im Oldenburgischen nahe an der Eisenbahn zwischen Apen und Detern dicht bei der Ostfriesischen Grenze.

[4] Die Stadt Emden lag im Jahre 1683 noch unmittelbar an der Ems, welche später einen anderen Lauf genommen hat. Die drei Stadtteile waren Emden (Altstadt), Faldern und Mittelfaldern. Für diese und die folgenden Bemerkungen über Emden konnte ich die mir von Herrn Kirchenrat Victor daselbst freundlichst übersandten Mitteilungen benutzen.

Gasthaus-Kirche[1]), und eine Frantzösische.[2]) Wir waren am Johannistage (welcher auf den 3 Trinitatis-Sonntag fiel) in dieser Frantzösischen Kirchen, und höreten das gewöhnliche Evangelium vom verlohrenen Schafe Luc. XV. predigen. Der Prediger sind zusammen 8[3]). Der Rath bestehet aus 4 Bürgermeistern und 8 Ratsherren, welche von 40 Bürgern erwehlet, und alle Neujahrstage nach Gutbefinden können abgesetzet werden. Unter diesen Ratsherren befand sich jetziger Zeit ein Edelmann, Juncker Pollman, welcher ein Doctor war.[4]) Das Embder. Rathaus ist ein feines Gebäude. Das Schloss aber verfällt nachgerade[5]): sonst ist die Stadt hin und wieder mit artigen Häusern gezieret.

Wegen heftigen Sturms lagen wir allhier den Johannistag über stille im Wirtshause zum alten Helm und fuhren den folgenden 25. Junii, Morgens umb 9 Uhr mit einem Schiffe, die Emse über, (2 Meilen) nach

Delfsiel

einer Festung und kleinen Städtgen. Gröningischen Gebiets. Allhier sahen wir zum erstenmal die Commoditet der Treckschuiten. Wir setzten uns umb 4 Uhr in eine derselben, und reiseten damit 5 Uhr die Stad Damm[6]) vorbey nach

Groningen.

Dieses ist eine grosse und schöne Stadt, nachdem sie weiter hinausgelegt ist, ebenfalls in die alte und Neu-Stadt unterschieden. Sie ist mit sehr breiten Graben, aber nicht eben alzu hohen Wällen umgeben, auf welchen wir köstliche metallene Stücke, aber alle entweder auf der Erde oder zerbrochenen Laveten liegend fanden, vielleicht dass sie noch in der ausgehaltenen Belagerung des Bisch. von Münster also zugerichtet

[1]) Dies war früher die Kirche des daneben liegenden Franziskaner-Klosters, welches nach der Reformation zu einem Asyl für Waisen und arme Leute eingerichtet wurde. Solche Häuser heissen in Ostfriesland und Holland Gasthäuser und die dazu gehörigen Kirchen Gasthaus-Kirchen.

[2]) Ausser den drei deutsch-reformierten Kirchen mit sechs Predigern hatte Emden seit der Reformation eine kleine französisch-reformierte Kirche mit einem Prediger. An die Stelle der letzteren trat im Anfange des 19. Jahrhunderts eine neue Kirche, welche im Stockwerk der städtischen Wage erbaut wurde.

[3]) Nach Victor's Meinung gab es im Jahre 1683 in Emden nicht 8 sondern nur 7 Prediger.

[4]) Über den Junker Pollmann und seinen berüchtigten Kriminalprozess im Jahre 1668 hat Lohstoter in dem Jahrb. der Ges. für bildende Kunst und vaterländische Altertümer zu Emden, Bd. 2 H. 1 S. 63 ff. einen Aufsatz veröffentlicht.

[5]) Die Burg von Emden, im 13--14 Jahrhundert erbaut und später zur Residenz der Ostfriesischen Fürsten aus dem Hause Cirksena erweitert, ist im Jahre 1767 abgebrochen. Jetzt befindet sich daselbst eine unter Friedrich dem Gr. aufgeführte Kaserne. Vgl. Winrda, Ostfriesische Geschichte VIII S. 378, IX S. 104.

[6]) Wahrscheinlich Appingadam an dem von Delfzijl nach Groningen führenden Kanal. Über die in Holland bis in dieses Jahrhundert gebräuchliche Beförderung durch Treckschuiten vgl. Kohl, Reisen in den Niederlanden II. S. 290 ff.

waren.[1]) Weil alhier eine Universitet ist, als besahen wir die Collegia, welche, wie es
scheint, aus einem Kloster gebauet sind, weil sowohl die dazugehörige Kirche als die gantze
Gasse die Brüder-Kirche und Brüder-Gasse genand wird. Wir fanden 3 Collegia neben
einander, ein Theologicum, Juridicum und zugleich der professioni Historiar. gewidmet,
und dan ein Philosophicum und zugleich Medicum: alle nur gar klein und unbher sowohl als
in der Mitte mit hohen Bäncken bebauet. An der einen Seite dieses Gebäudes war auch
die Stube des concilii und Wohnung des Pedellen. Neben an ist auch der Ort, da die
studiosi umb einen geringen Preiss (wie auf teutschen Academien in der Communitet)
gespeiset werden, welchen sie alhier die Bourse nennen.[2]) Gegenüber ist die zuvor genandte
Brüderkirche, darin die professores Theologiae predigen, auch französisch gepredigt wird.
Man gehet in dieser Kirche eine Stiegen hinauf nach dem Theatro Anatomico, welches mit
etlichen sceletis von Menschen und Thieren, auch einem grossen aufgedörreten Stöhr
gezieret ist; wie auch nach der Universitet-Bibliothec, welche in wenigen und mehrentheils alten Büchern bestehet; doch ist ziemliche Anstalt gemacht, dass man alle Mittwochs
und Sonnabend 2 Stunden hinauf gehen und daselbst der Bücher sich bedienen kan; wovon
etliche gedruckte catalogi alda herum liegen.[3]) Professores sind alhier nicht mehr als 8,
nämlich 2 Theologi, Nahmens Brour und Marck[4]), 1 Jurist Prof. Bertlinck, welchen wir
von 10 bis 11 über die Pandecten lesen höreten (wie auch Prof. Mark den locum de
remissione peccatorum), 2 Medici und 3 Philosophi, davon der Professor eloquentiae Nahmens
Mensinga, magnificus Rector war. Der Studenten wären hier sehr wenig, kaum 100 und
meist Theologanten, welche theils mit Mänteln, theils auch ohne Mantel und Degen in die
Lectiones liessen. Es sind in dieser Stadt vornehmlich 4 Kirchen, als 1. die Mertens-
Kerck, eine grosse Kirche mit einem hohen Chor und sehr schönen von Quadersteinen
aufgeführten durchgebrochenen Thurn gezieret, darauf ein sehr schönes Glockenspiel ist.[5])

---

[1]) Groningen wurde vom 10. Juli bis 24. August 1672 vergeblich belagert durch den Bischof von
Münster Christoph Bernhard von Galen (1650—78) und den Kurfürsten von Köln, welche mit Frankreich
gegen die Generalstaaten verbündet waren. Die Verteidigung leitete Karl Rabenhaupt. Vgl. N. G. van
Kampen, Gesch. der Niederlande Bd. 2 S. 247. Geschichtsquellen des Bisthums Münster Bd. 3 S. 264.

[2]) Hierüber berichtet Zeiller, topogr. Germ. infer. p. 102: Daneben ist auch Anno 1614 — eine
hohe Schul allhie introducirt, auch eine Communität vor 40 Studenten angerichtet worden, dass deren einer
jährlich 45 Caroliner-Gülden oder Francken zu zohen Batzen gerechnet wie zu Franeker geben, das andere
die Stände reichen; und dess Tags drey mahl der Tisch gedeckt werden solte. Über die Universität zu
Groningen und die dort für 60 Studenten eingerichtete mensa publica ist ferner zu vergleichen Mart.
Schoockii Belgium foederatum, Amstelodami 1652 p. 396. Als Uffenbach (II. S. 235) Groningen besuchte,
waren dort nur sieben Professoren.

[3]) Über den traurigen Zustand der Bibliothek berichtet ausführlich Uffenbach II S. 240 ff.

[4]) Joh. Marck, geb. 1656, war von 1682—80 Professor der Theologie in Groningen.

[5]) Der 105 Meter hohe Turm der Martini- oder Mertenskirche wurde nach einem Brande im
Jahre 1627 erbaut.

2. Die Deer-Aa-Kercke[1]), 3. auf der Neustadt die Neue Kercke[2]), ein achteckigt
Gebäu, darin sehr viel Personen Raum haben und alle bequem den Prediger hören können.
4. Die vorgemeldete Brüder- oder Collegien-Kirche. Ueberdem sind noch etliche kleine,
als Gast-Huisen- und andere Kirchen[3]); dann auch eine lutherische, welche nur ein
schlechtes Hauss ist. Die schönsten Häuser der Stadt hat man an denen öffentlichen
Plätzen zu sehen, als am grossen Marckt; bey der-Aa-Kirchen und absonderlich am
Ochsen-Marckt, welcher mit hohen Bäumen besetzet und sehr lustig ist. (Log. im Rathauss
von Embden).

Den 27 Junii, Morgens umb 4 Uhr fuhren wir mit der Treckschuyt von Groningen
nach Strobus ein Dorff, da das westfriesische Gebiet angehet (4 Uhr), von dar den Flecken
Collum vorbey nach der Stadt

Doccum

(3 Uhr), welche man sonst Arm-Doccum pflegt zu nennen, weil die Einwohner das Doep
nach der See zu nicht zu unterhalten vermögen. Es ist sonst ein feines Städgen, und
hat über dem Rathausse ein artig Glockenspiel. Weiter nach

Leuwarden.

(4 Uhr). Dieses ist die Hauptstadt der Provinz Westfriessland, ein volkreicher und über
alle Massen lustiger Ort, massen auch die Contrescarpen der Fortification mit hohen Bäumen
besetzet sind und die schönsten Alleen geben. Alhier sind treffliche Gebäude, sowohl die
Residence des Stadthalters von Friessland und Gröningen, Printz Henrich Casimirs von
Nassau[4]) als auch den Land-Adols und der vornehmen Herren aus der Ritterschafft. An
denen Häusern, daraus vornehme Personen gestorben sind, siehet man schwartze geschnitzte
und mit bunten vergüldeten Wapen gezierte Bretter samt der Jahrzahl, welche die
gantze Traurzeit über, nämlich ein Jahr und 6 Wochen lang über der Hausthür stehen
müssen. Unter denen vielen Brücken dieses Orts ist eine sonderlich in Acht zu nehmen,
welche zwar nur eines Joches lang, aber mehr als 50 — a — 60 Schritte breit und
von Steinen gewölbet ist. Von hier ging die Reise zwischen der lustigsten Gegend der
Weldt, und vielen schönen Edelhöfen, auf

Franecker

Eine hübsche wolgebaute Stadt, 2½ Stunde von Leuwarden, hat ein altes fast
verfallenes Schloss. Die Universitet alhier ist in zimlichem Zustande, so dass bey die

---

¹) Der Turm der Aa- oder Aha-Kirche (nach dem Flusse Aa, an dem Groningen liegt, flel um
im Jahre 1710. Uffenbach II S. 259.

²) Über die Noorder- oder Nieuwe-Kerk vgl. Uffenbach II S. 241.

³) Die Gasthaus-Kirchen zählt auf Zeiller zu dem Stadtplan von Groningen. Vgl. S. 13 Anm. 1.

⁴) Heinrich Casimir von Nassau aus der Dietzischen Linie, Statthalter von Friesland und
Groningen, starb im Jahre 1696. Vgl. E. Münch, Geschichte des Hauses Nassau-Oranien Bd. 3 (Geschlechts-
tafel IV, und über die Residenz der Statthalter: Bädeker, Belgien und Holland S. 304. Die starken
Befestigungen von Leuwarden beschreibt Zeiller a. a. O. S. 104.

600 Studenten da waren. Ihre Academie ist artig gebaut, ein viereckigter Platz, fast wie die Gröningische, mit einer Gallerie umbher und einem grossen runden Brunnen in der Mitten[1]). An den Seiten her sind die Collegia, etwas besser gezieret auch grösser als die zu Gröningen. Die Studenten sahen wir auf der Gassen und vor dem Thore auf Pantoffeln und mit Schlafröcken herumgehen. Diesen Abend fuhren wir noch 2½ Uhr weiter nach

Harlingen

eine ziemlich grosse Stadt an der Zuderzee gelegen, mit einem stattlichen Hafen, woselbst wir zum Pfauen logirten und den ehrlichsten unter allen bissherigen Wirthen antraffen. Nachdem wir allhie zu Nacht gessen und auf die abgelegte starke Tagreise wohl geruhet hatten, gingen wir von hier des andern Morgens (28. Junii) nmb 10. Uhr mit dem Amsterdammer Fehrschiffe zur See, welches mit einer grossen Compagnie von allerhand Menschen und Hunden besetzt war: so dass der Raum ziemlich enge ward. Weil es anfangs sehr still Wetter und dazu der wenige Wind uns noch entgegen war, als mussten wir mit Laviren uns so gut behelffen, als es wollte. Endlich kühlte es gegen Nachmittag etwas stärker, worauf wir besser fortkahmen. · Wir sahen Vlieland gegen Norden, liessen Harlingen, Worcum, Hindelope, Stavern[2]) gegen Osten, Medenblick gegen Westen liegen und näherten uns gegen Abend der Stadt Enckhuysen. Weil wir nun selbigen Ort gern besehen wollten, als musste unser Schiffer ein Zeichen geben, oder eine Schau (wie sie es nennen) an die Stange binden, worauf ein grosses Boot herauskahm und uns von dem Schiff abholte. Wir nahmen also Abschied von unser Compagnie und wünschten ihnen eine fernere glückliche Reise. Darauf gelangten wir abends um 10 Uhr nach

Enckhuysen

7 Meil. von Harlingen, eine grosse und schöne Stadt. Sie erstreckt sich wie ein halber Mond in die See hinein und macht 2 stattliche Hafen. Die Mauren sind aus dem Grunde des Wassers aufgeführet von gebackenen Steinen und mit metallenen Stücken verwahret. Die Gassen der Stadt sind sehr regular und schnurgleich gebauet, mit schönen Häusern bebauet, unter andern ist eine sehr lustig in der Mitte durchher mit einer Reihe grosser Linden besetzet, welche Strasse Packtuyn heisset. Hier sind auch zu sehen die Häuser sowohl der West- als Ostindischen Compagnie. An einem alten Thurm, Oostindisch Toorn genandt, sahen wir 2 alte Ancker hangen, mit beistehender Inscription[3]):

---

[1]) Uffenbach II S. 285: Es stehet fast mitten im Hof ein unerhört weiter und grosser Brunnen, der aber, ob gleich ein Dach darüber, sehr unsauber und, wie es scheint, keine rechte Quelle hat. Über die Akademie vgl. Schoockii Belgium foederatum p. 394.

[2]) Staveren oder Stavoren, Stadt in Friesland an der Zuider-See.

[3]) Herzog Karl von Geldern, mit Franz I. von Frankreich gegen Kaiser Karl V. verbündet, griff Enckhuysen im Jahre 1537 an. Vgl. H. Leo, zwölf Bücher Niederländischer Geschichten II. 332. Die ersten beiden Verse der hier folgenden Inschrift finden sich auch bei Zeiller, top. Germ. infer. S. 131, wo es heisst: Es ist auch da ein anderes Port für die kleinere Schiff, dabey ein starker Thurm stehet, und daran ein Schrifft, wie Anno 1537 Hertzog Carl zu Geldern diesen Port zu erhaschen vermeynet hat.

Enehisam insidiis tacitis sub nocte silenti
Obinore adnixa est Gelrica perfidia.
1537. XXII. Junii
Anchora, quam cernis ferro praecisa bipenni,
Artes testatur perfide Gelre tuas.

Das Waisenhauss ist auch ein köstliches Gebäu. Auf der einen Kirche ist ei
schönes, und wie man uns berichtet, unvergleichliches Glockenspiel, davon wir zwar etwas
aber doch nicht völlig es spielen gehört haben.

Am 29. Jun. fuhren wir mit einem Postwagen frühe Morgens von hier, eine
Weg, desgleichen schwerlich anmutiger und lustiger wird können gefunden werden. E
stand 3 gantzer Stunden weit ein Haus neben dem andern als wie in einer Stadt, m
zwar schöne nette Gebäue, mit den artigsten Gärten, lustigsten Wiesen und Feldern gant
mit Johannsbeer-Sträuchern bewachsen, abgewechselt. Der gantze Weg war so eben a
ein Disch mit kleinen Klinckern gepflastert; und funden wir nach einander 5 Kircher
Dieser Weg wird de Streeck genandt und erstrecket sich biss vor die Stadt

Hoorn.

Diese ist die netteste Stadt von Holland, wie man davor hält, doch bestehet, ha
ich, dieser Schmuck meistestheil in inwendigem Zierat der Häuser, weil das äusserlicl
mit den andern Städten übereinkömt, wiewohl man auch auserlesene schöne Gebäude dari
findet. Wir gingen nur geschwinde etwas drinne herumb, und fuhren gleich wieder m
der Treckschuyt weiter durch

Purmerent

eine kleine Stadt, 4 Uhr von Hoorn gelegen, noch 3 Stunden, gegen 2 Uhr Nachmittag
nach

Amsterdam.

Weil diese unvergleichliche Stadt anderwerts ausführlich beschrieben gefunde
wird, will ich nur zur Erinnerung aufzeichnen, was wir darinne gesehen haben. W
nahmen unsre Einkehr bey dem französischen Koch Mr. Xaintonge au grand Roy de Fran
auf dem Seedyck. Unsere erste Bemühung war hiernechst das Stadthuys, wohl rech
das achte Wunder der Welt, zu besehen, dessen magnificence an Grösse, köstlichen Kammer
marmornen Wänden und Vloeren, eingelegten globis[1]), künstlichen Statuen, Festone
Schilderyen, messingen Thüren und Bildern, Gerichts-Capelle, Thurn und Glockenspiel et

---

[1]) Vloeren bedeutet Fussböden. Die hier erwähnten globi in dem mit Marmor reich verzierte
grossen Saal des alten Rathauses waren mosaikartig in den Fussböden eingelegt, nämlich ein globus terrestr
der alten Welt, ein zweiter von Amerika und ein globus caelestis. Vgl. Uffenbach III S. 560.

man nicht genug betrachten noch bewundern kann.[1]) In einem Gemache dieses Hauses, der Scheppenen Kamer[2]) genandt, sahen wir ¹/₇ Jul. Sontags wohl 20 paar Leute trauen, worunter viel Juden waren. Denn hieselbst müssen alle die so nicht von der reformirten religio sind, sich copuliren lassen. Weiter sahen wir die beiden Synagogen der Juden, sowohl die portugiesische als deutsche, worin sie ihren aberglänbischen Gottesdienst mit gewaltigem Schreyen verrichteten.[3]) In der neuen lutherischen Kirchen hörten wir am Sonntage eine feine Holländische Predigt. Zu Mittage predigte der Hochdeutsche Prediger H. Colerus darinnen. Im Herumgehen durch diese Stadt zogen die köstlichen Graften[4]) als Keysers-Princen- und Heeren-Graft unsere Betrachtung an sich wegen ihrer prächtigen auf italiänische Manier gebauten Häuser, welche gleichsam mit einander umb den Vorzug in der Kostbar- und Zierlichkeit streiten: wiewohl sie noch Ranms genung bey sich übrig haben mehr dergleichen schöne Nachbarn aufzunehmen. Der Reichthum dieser Stadt ist etlicher Massen abzunehmen aus den neuen Brücken oder Schluysen, die vor kurtzer Zeit sind angelegt, davon die eine also genandte Neue Brücke vor der Warmoestrate auf 4 Tonnen Goldes kosten soll. Dass ich nicht von denen herrlichen Kirchen, als der Ouden-, der Nieuwen-Kerck mit ihrer Marmornen Orgel und epitaphiis des Admirael de Ruyter und von Galen etc. Meldung thue[5]), so können die herrlichen Paläste des ost-indischen, westindischen, Admiraliteyts- Stadsmagazyn- Weisen- Oudemans- Spin- Rasp-Hauses etc. Anlass geben nachzurechnen[6]), was zu deren Stifftung gehöret habe, und sie zu erhalten kosten müsse. Unter denen Raritäten dieser Stadt rechne ich billig mit einen

[1]) Das alte Rathaus, 1648—55 erbaut, und im Innern mit Marmorreliefs, Gemälden, Gitter-werk, Mosaiken von Artus Quellinus u. A. reich geschmückt und deshalb von den Holländern als das achte Wunder der Welt gepriesen, ist jetzt Residenzschloss, während der ehemalige Admiralitätshof jetzt als Stadthaus dient. Vgl. Bädeker, Belgien und Holland 18. Aufl. S. 319 ff. Nagler, neues allgemeines Künstlerlexikon Bd. 12 S. 156.

[2]) Die Scheppenen-Kamer ist wohl die ehemalige Gerichtshalle, Vierschaar genannt. Vgl. Bädeker a. a. O. S. 320.

[3]) Die Synagoge der portugiesischen Juden, im Jahre 1670 nach dem Vorbild des Salomonischen Tempels erbaut, ist die grösste unter den 10 Synagogen in Amsterdam. Vgl. Uffenbach III S. 577 ff. Bädeker S. 358.

[4]) Dieselben heissen jetzt Grachten (Kanäle).

[5]) Die Oude-Kerk ist um 1300 erbaut, die Nieuwe Kerk, eine kreuzförmige Basilika, im 15. Jahrhundert. In der letzteren steht an der Stelle des Hochaltars das grosse Denkmal des Admirals de Ruyter, der 1676 an den in der siegreichen Schlacht bei Messina erhaltenen Wunden starb, an einem Pfeiler des Chors das Denkmal des Admirals Johann van Galen, welcher 1653 in der Seeschlacht bei Livorno seinen Tod fand. Vgl. Bädeker S. 319.

[6]) Über das Osthndian- und Westindian-Huys vgl. Zeiller p. 122. Derselbe berichtet, dass das Rasphuys, ein Zuchthaus für Männer, und das Spinhuys, ein Zuchthaus für Weiber, früher zwei Frauen-klöster gewesen seien. Oude-Manshuys (het Mannen-huys) ist ein Spital für alte Männer, wie denn Amsterdam von je her reich an wohlthätigen Anstalten war. Ein Stades-Magazyn wird erwähnt in dem Reis-Book door de Vereenigde Nederlandsse Provincien. t'Amsterdam 1689 p. 102.

lebenden Crocodil, welche man in Europa selten finden wird. Die grosse Macht dieses Staates hatten wir auch abzunehmen aus den ungeheuren und schönen Orlog-Schiffen, die neben einander in grosser Menge vor dem Admiraliteyts-Hause lagen, und meist alle 3½ Lage Stücke führeten. Des Mittag umb 12 Uhr mussten wir mit Verwunderung die unglaubliche Menge Volks ansehen, welche auf der Börse versamlet war. Dieser Platz wird (nachdem man geleitet hat) zugemacht, und niemand hineingelassen, er gebe dann einen schelling oder 6 stuyver in die Armenbüchse[1]): hinaus aber kann ein jeder frey kommen. Wer des Abends, wann es dunkel geworden ist, auf der Gassen spatziren gehet, kann auch die also genandten Musik-Häuser anmercken, da ein Liebhaber alle Sinnen umbs Geld vergnügen kann.[2]) Was sonst der alte sowol als neue Doolhof[3]), 't Hof van Holland etc. vor Contentement geben mögen, kan einer umb wenig Geld erfahren. Wir nahmen von dieser schönen Stadt unsern Abschied am ¹⁄₅ July[4]) Morgens umb 7 Uhr, und reiseten mit 7 st.[5]) einer Treckschuyte 2½ Uur über

Haerlem

einer grossen mittelmässig gezierten Stadt (da uns unter andern eine sehr grosse schöne Kirche[6]) vorkahm) noch 4 Uur nach

Leyden.

10 st.   Dieses ist eine grosse und überaus nette reinliche Stadt, von etlichen Armen des Rheinstroms durchflossen. Mitten in derselbigen liegt auf einem Berge ein rundes Schloss, inwendig mit Bäumen und Sträuchen dick bewachsen, und mit sehr tieffem ausgemauerten Brunnen versehen. Man steigt auf einer steinernen und mit Buschwerk überwölbten Treppe wohl 60 Stuffen lang hinauf, und kan inwendig auf der Mauer (die sehr dick ist) rund

---

[1]) Stüver sind kleine holländische Silbermünzen im Werte von fast 7 Pfenningen. Es geben 6 Stüver auf einen holländischen Schilling und 20 auf einen Gulden. Vgl. Schmieder, Handwörterb. d. gesamten Münzkunde S. 443. Strafgeld für Verspätungen beim Besuch der Börse erwähnt a.ch Uffenbach III 558.

[2]) Auf ein solches Musikhaus beziehen sich wohl auch die Worte von Zeiller, Germ. inf. S. 122: do Monnisten-Bruyloft oder t'Huys to Sinnelust, darinn man täglich eine herrliche Music hören und allerley Instrumenta Musica, so sonsten nicht gemein seynd, schon kan.

[3]) Doolhof scheint mir ein Schreibfehler zu sein für doelhof, welches Schützenhof oder Schützengarten bedeutet. Vgl. Zeiller S. 122: Schützengärten, so sie Doelen nennen.

[4]) Die Tage werden im Folgenden nach dem Julianischen und Gregorianischen Kalender angegeben, da der letztere in mehreren Provinzen der Niederlande erst im Jahre 1700, in Grossbritannien erst 1752 eingeführt wurde. Vgl. Grotefend, Handb. d. hist. Chronologie S. 50.

[5]) Die Preise für verschiedene Fahrten sind in den Niederlanden nach Stüvern, in England nach Shillings am Rande des Tagebuchs beigeschrieben.

[6]) Gemeint ist wohl die Groote oder S. Bavonis Kerk am Markt; Zeiller p. 137.

herumgehen und über die gantze Stadt hinsehen. Man hat diese Burg (so heisst sie) vor ein Werk der Römer wollen ausgeben, andere halten es insgemein vor ein Gebäude der Hengisti[1]); allein vor dem Eingange zu der Treppe lehreten uns nachfolgende Verse ein anderes, welche auf einer kleinen steinernen Taffel stehen.[2])

Ad hospitem
de natalitio urbis atque arcis.

Qui Leydae dominaeque arcis tibi tradidit ortus
Scriptor Aretalogus[3]) non sine labe fuit.
Dicam ego, non Romam redolent Latiasque secures,
Ut neque Civilem, terra Batava, tuum:
Nec bene ad Engistum referes, nec denique fratrem,
Prodere mille annos quid sine teste juvat?
Saecula sex numeres summum, pulcherrima Leyda
Non poterit villae[4]) dememinisse suae,
Ut nec Alvini[5]); sibi quem devinciat auro,
Ne vectigales anxia potet aquas.
Arx quoque ne noceat, domuit quam ditior arca[6]);
Sic urbs, serva prius, reddita tota sibi est.

P. S.[7])
vid. Hegenitii itinerar. Holland. Had. Junii Batav.[8])

----

[1]) Die noch jetzt erhaltene Burg von Leiden auf einem Hügel mitten in der Stadt, angeblich von den Römern unter Drusus oder von Hengist, dem Führer der Angelsachsen, erbaut, lässt sich geschichtlich nicht vor dem 10. Jahrh. nachweisen. Sie ist abgebildet bei Lud. Smids schatkamer der Nederlandsse Oudheden. Haarlem 1737 p. 108 ff. und auf dem Stadtprospekt bei Zeiller zu S. 141 ff.

[2]) Die hier folgenden Inschriften an der Burg von Leiden, welche bereits von Fr. van Mieris, (Beschrijving der Stad Leyden. Leyden 1760 p. 396—97) veröffentlicht wurden, sind von Jakob v. Melle mit mehreren Fehlern abgeschrieben. Ich gebe hier den verbesserten Text sowie auch mehrere auf die Inschriften und die Stadt Leiden überhaupt bezüglichen Anmerkungen mit Benutzung der Mitteilungen, welche mir Herr Oberbibliothekar du Rieu daselbst freundlichst hat zugeben lassen.

[3]) Aretalogus bedeutet einen Possenreisser.

[4]) Villa heisst Leiden in früherer Zeit, weil es damals noch keine Stadt, sondern ein fürstlicher Aufenthalt war.

[5]) Alvinus ist Halewijn, der erste Burggraf von Leiden, der urkundlich im Jahre 1083 erwähnt wird. In seiner Familie blieb lange Zeit der Besitz der Burg.

[6]) Arca, Geldkasten, bedeutet hier wohl den Reichtum von Leiden.

[7]) Petrus Scriverius, Dichter und Philolog, geb. 1576 zu Haarlem, lebte 1583—1660 in Leiden.

[8]) Die Titel der hier in dem Tagebuch angeführten Werke lauten, wie mir Herr stud. Keller aus Göttingen mitteilt, vollständiger: Gotfr. Hegenitii itinerarium Frisio-Hollandicum. Lugd. Bat. 1630 p. 125 sqq. Hadr. Junii Batavia. In qua praeter gentis et insulae antiquitates, origines etc. declaratur, quae fuerit vetus Batavia. Lugd. Bat. 1588 p. 260.

Arcem hanc cum fundo
vetustissimum illustrissimae gentis Wassenariae
heredium, cum Burggravii titulo omnique
jure ei annexo, a principe Lignaeo Wassenarae
domino etc. XV. Kal. Maji anno CIƆIƆCLI in jus
S. P. Q. Leidensis aere civitatis publico translatam,
hac inscriptione urbis coss.
    Guill. Paats
    Paul. Swanenburg
    Jacob van den Berg
    Corn. Buitenvest
publice testatum voluerunt. A. D. CIƆIƆCLIII.[1])

Bey der Universität war diessmal wenig zu thun, indem die meisten Studenten verreiset, die lectiones aufgeschoben, und die collegia, Bibliothec etc. geschlossen waren, wegen der also genandten Vacantie, welche wohl 8—9 Wochen lang währet, und zu dieser Zeit eben angegangen war.[2]) Die professores, welche jetzund lebten, waren nachfolgende:

Theologi:	Medici:
Fredericus Spanhemius fil.	Carolus Drelincourt.
Christophorus Wittichius.	Lucas Schacht.
Stephanus le Moine.	Theodorus Craanen.
Antonius Hulsius, jetziger Zeit Rector Magnificus.	Carolus de Maats.
	Paulus Hermann.
Jurisconsulti:	Philosophi:
Antonius Matthaeus, Ant. fil.	Burcherus de Volder, Academiae a Secretis.
Joannes Voet, Paul. fil. Gisb. Nep.	Theodorus Ryckius.
Philippus Reinhardus Vitriarius.	Wolferdus Sengverdus.
	Jacobus Gronovius.

Unter diesen hat Prof. Hermann, Med., ein rares Cabinet von allerhand ausländischen und indianischen Thieren, die in einem gewissen Liquore vor aller Fäulung conservirt werden, worunter auch ein Inuestris foetus humanus ist.[3]) Neben seinem Hause ist der

---

[1]) Der Prinz von Ligny, Herr von Wassenaar, dessen Mutter die Tochter eines Joost von Halewijn war, war der letzte Burggraf von Leiden, da er die Burg im Jahre 1651 an die Stadt verkaufte. Vgl. darüber Lud. Smids schatkamer a. a. O. und Uffenbach III 456.

[2]) Vgl. M. Schoockii, Belgium foederatum p. 390: de academia Leidensi, wo die berühmtesten Docenten der im Jahre 1575 von Wilhelm von Oranien gegründeten Universität aufgezählt worden.

[3]) Paul Hermann, geb. 1646 in Halle, gest. 1695 als Professor der Botanik zu Leiden, besass eine seiner Zeit berühmte Naturaliensammlung, welche namentlich Tiere aus Indien und ein grosses Herbarium enthielt. Letzteres wurde später von seiner Witwe an den König in Preussen für 300 Gulden verkauft. Eine ausführliche Beschreibung der Sammlung giebt Uffenbach III S. 409 ff.

hortus medicus, welcher seiner raren Gewächse halber in der gantzen Welt berühmt ist: zusamt der dazu gehörigen Gallerie, die mit allerley frembden Thieren und Gewächsen angefüllet ist nach Answeisung des gedruckten Zettels. Die Bibliothec ist nicht sonderlich, ausgenommen die raren Mss. ex legato Scaligeri, welcher in der französischen Kirchen begraben liegt.[1] Die berühmte Anatomie of Schnye-Kamer ist wohl besehenswürdig, nicht allein der vielfältigen sceletorum als anderer Rariteten wegen, davon man ein Register dabey kauffen kan.[2] Am ⁹⁄₁₀ Julii waren wir in der Lutherischen Kirchen, woran 2 Prediger sind, deren ältster (der damahls predigte) Pechlin heisst, von Geburt ein Rostocker. Wir hatten alhier unsre Kammer auf der Rapenburg[3], einer trefflich schönen und lustigen Gasse, gleich gegen der Akademie über, bey einem Kunsthändler, Johan Tangena, auf dem Klocksteeghs-Hoeck; und speiseten bey der Fr. Outhuysen auf derselben Gasse die Woche umb 3½ Gülden (zu Mittage allein). Ich fand alhier meine ehmahliche Bekanten Mess. von Stetten, Huxhagen, Titinm. etc.

Den ²¹⁄₁₁ Jul. fuhren wir mit einer Chaise nach dem

Haag

2 Uhr von Leiden. In diesem aller edelsten Dorffe der ganzen Welt besahen wir des Printzen Hoff[4]), den Saal, da allerley Boutiquen darauf sind, und sehr viel von den Spaniern eroberte Fahnen: Printz Moritzen Hauss[5]), welches hart neben dem Hofe stehet, darin sonderlich das also genandte Nassau'sche Zimmer aufzumerken, worin die Portraits des Herrn dieses Stammes zu finden. Was sonst dieser Ort, sowohl seiner zierlichen Häuser, des unvergleichlich schönen Spatzierganges Tour à la mode genandt etc. als vornehmlich der mancherley vornehmen Leute wegen, die allhie wohnen, rares in sich hat, und vor Vergnügung geben kan, das sollte nicht unangenehm seyn, etliche Jahre lang, wo nicht das gantze Leben durch, zu versuchen.

---

[1] Joseph Justus Scaliger von 1593—1609 Professor der schönen Wissenschaften in Leiden, berühmt durch seine philologischen und chronologischen Werke, vermachte seine grosse Büchersammlung mit vielen wertvollen griechischen und orientalischen Handschriften an die Universitäts-Bibliothek in Leiden. Sein Grabmal befindet sich in der St. Pieterskork. Vgl. Zeiller p. 142 und Hegenitz, itiner. Frisio-Hollandicum p. 99 ff.

[2] Die Anatomie und ihre seltenen Präparato beschreibt Uffenbach III 4:39.

[3] Rapenburg ist eine Strasse, an der sich die Universitäts-Bibliothek befindet. Nahe dabei ist der im Tagebuch ebenfalls erwähnte Klocksteeg (Glockengasse).

[4] Unter Prinzen-Hof ist wohl der jetzt sog. Binnenhof zu verstehen, ein Komplex von Gebäuden aus älterer und neuer Zeit im S. des Vijver. Hier ist der von Graf Wilhelm von Holland um 1250 erbaute Palast, welcher später den Statthaltern aus dem Hause Oranien als Residenz diente, hier auch der ebenfalls alte Rittersaal, ein kapellenartiger Ziegelbau mit schlankem Giebeln und zwei Türmchen, und im Innern mit erbeuteten Fahnen. Vgl. Zeiller S. 136. Bädeker a. a. O. S. 280.

[5] Das Moritz-huys, ein Palast in der Nähe des Binnenhofs, von Prinz Johann Moritz von Nassau (gest. 1679 als Gouverneur von Brasilien) erbaut, enthält jetzt die berühmte Gemäldegalerie des Haags. Vgl. Schnaase, Niederländische Briefe S. 19 ff.

Mehr-als-angenehme Wohnung, allerschönstes Dorff der Welt!
Ja, dafür mir nun auf Erden hinfort keine Stadt gefällt;
Jeden, dem des Himmels Gunst seine Jahre will versüssen,
Lässt er, werther Haag, in dir seine Lebens-Tage schliessen.
Aller Länder Seltenheiten hier zu hören und zu sehen,
Mit dem Kern von allen Menschen nütz- und lieblich umzugehen,
Und sich in dem Wunder-Busch allen Sorgen zu entreissen;
Mag das nicht ein irdisches Paradies der Seelen heissen?[1]

Von hier fuhren wir hin zu besehen

Het Huys in het Bosch.

Bey dem Haag ist ein überaus lustiger Wald, in demselben (etwas ½ Uhr vom Haag) hat Amalia Princesse von Orange, eine Wittwe Printz Friedrich Heinrichs, und Grossmutter des jetzigen Printzens, gebohrne Gräfin von Solms, ein artig Schloss bauen lassen, het Huys in den bosch genandt.[2] Wenn man über einen grossen grünen Platz gekommen, steigt man auf etlichen Stuffen eine breite steinerne Treppe hinauf, auf welcher grosse weisse Statuen gesetzt sind. Wenn man hineingegangen, siehet man in den Ecken 4 schöne aus weissem Marmor künstlich gehauene Bilder etlicher Nassauischen Princen in Lebens-grösse stehen. Darauf geht man in etliche feine geputzte Gemächer, welche doch aber meistens mit schwartz und Gold (einer Wittwen-Farbe) ausgemacht sein. In Sonderheit der Princessin Zimmer, worin dieselbe auf einer grossen Taffel in gar andächtiger Postüre abgebildet ist. Neben an ist ihr Cabinet mit eingelegter und Ostindischer Lack-Arbeit von oben biss unten kostbar getäffelt. Das vornehmste in diesem Hause ist grosser 8eckigter Saal, welcher mit eingelegtem Nussbaum-Holz gepflastert und an den Wänden biss oben aus mit den schönsten Gemälden gezieret ist, mit welchen vornehmlich Prinz Moritzens Helden-thaten vorgestellet werden, wobey er unter vielen Siegeszeichen auf einem Triumpf-Wagen pranget.[3] Oben in der Kuppel ist der Pr. Amalien Bildniss mit ihrem Wapen und geschrenckten Nahmen umbgeben.

---

[1] Dies auch in Postel's Tagebuch befindliche und, wie oben (S. 7) gezeigt wurde, wahr-scheinlich von ihm herrührende Gedicht wird auch von Weichmann (Vorrede zum grossen Wittekind) und von Wilckens (Hamburg. Ehren-Tempel S. 695) mitgeteilt. Doch heisst es bei letzerem in Vers 2: „auf der Erden" und in V. 6: „nütz- und billig umzugehen".

[2] Im N. O. des Haager Busch liegt 't Huis ten Bosch, ein von der Witwe des Prinzen Friedrich Heinrich von Oranien (Statthalter 1625—47) im J. 1647 zur Erinnerung an diesen erbautes Schloss.

[3] Den Glanzpunkt des „Haus im Busch" bildet der Oraniensaal, ein Oktogon, dessen Wände mit grossen Gemälden aus Rubens Schule geschmückt sind. An der Hauptwand befindet sich der von Jordaens gemalte Triumphzug des Prinzen Friedrich Heinrich. Für diesen nennt das Tagebuch irrtümlich den Prinzen Moritz. Vgl. Schnaase a. a. O. S. 24.

Alles dieses ist so köstlich ausgearbeitet und die Gegend dieses Hauses so lustig, dass ich billig spreche:

Hier giebt Natur und Kunst einander wenig nach,
Und eben dieser Streit muss unsre Lust vermehren:
Wo diese Zimmer nicht der Venus zugehören,
So braucht Diana doch kein ander Schlaff-Gemach.

Eine Stunde Reitens vom Haag besuchten wir auch die Residence des Princ. von Orange, das Lusthaus

Honslaerdijck.

Dieses Schloss liegt sehr lustig in einem schön gezierten Garten und mit Wasser umbflossen. Neben an ist der rechte Lustgarten, mit schönen Portalen, Fontainen, weissen und vergüldeten Statuen, etc. gezieret. Zu Ende desselben ist ein Wald, dessen Bäume alle ordentlich gepflanzet sind, dass sie von allen Seiten die allerschönsten perspectivischen Alléen machen. Hierin werden unterschiedliche Damhirsche geheget. In einem nahegelegenen Hause und anderen Hofe sahen wir eine Löwin, einen Kasuar-Vogel, Indianische Gänse und Endten, Kranich, Kropfgauss, Indianische Kühe und Ochsen etc. Weil es aber Mittag war, hatten wir das Glück die Princessin (in Abwesenheit des Hertzogs) speisen zu sehen, und wurden hernach in den Zimmern des Schlosses herumgeführet.[1]

Nachdem wir von hier nach

Schevelingen[2]

an der See gefahren waren, und den unvergleichlich schönen Weg zwischen hier und dem Haag (etwa ³/₄ Stunden lang) gesehen hatten, kehreten wir wieder nach Leiden und reiseten am 14/24 Jul. mit einer Treckschuyte durch Alph, Swammerdam und Bodegrave (die wegen der frantzös. Tyrannie berühmt sind) und die Stadt Woerden[3] nach (9 Uhr)

Utrecht.

Diese grosse Stadt fanden wir mit vielen Leuten angefüllet wegen der Kirmes oder Jahrmarckt. Bey dieser Gelegenheit sahen wir da uns Geld einen Saal voll vornehmer Potentaten der jetzigen Welt, deren Bildnisse gar sauber von Wachs gemacht, und

---

[1] Honslaerdijk ist ein von Prinz Friedrich Heinrich von Oranien erbautes Schloss nebst Park in der Nähe des Haag. Vgl. Smids, schatkamer der Nederlandssen oudheden p. 145 und Benthem, Holländischer Kirch- und Schulen-Staat. Frankfurt und Leipzig 1698 Th. I. Cap. 3 S. 11, wo es heisst: „Wer verlanget einen Königlichen Pallast und Garten zu sehen, findet seines Wunsches Erfüllung zu Honslaerdijk, dessen Fürtrefflichkeit den Verlust der Zeit und des Geldes, so auf diese Neben-Reise gewendet worden, mit Wucher wieder ersetzet.“

[2] Ist wohl ein Schreibfehler für Scheveningen.

[3] Alphen, Zwammerdam. Bodegrave und Woorden sind Orte an der Strasse von Leiden nach Utrecht. Die drei letzteren wurden im Jahre 1672 von den Franzosen unter dem Marschall von Luxemburg mit entsetzlicher Grausamkeit geplündert. Vgl. van Kampen, Gesch. d. Niederlande II S. 248 f.

mit Kleidern angethan waren, item ein italienisch Kind, 10 Jahr alt, dessen Gesicht mit klarer glatter Haut, der übrige Leib aber, auch das inwendige der Hände und Füsse mit groben Fisch-Schuppen gleich einem Crocodil überzogen war. Die Fortification dieser Stadt ist von Steinen und auf alte Façon. Vor dem einen Thor ist die Maille-Bahn admirabel schön an beiden Seiten mit den schönsten Bäumen bepflanzet, die in angenehmster Fernung das Gesicht vergnügen können, und zur Tour à la mode dienen.[1]) Wir logirten allhie im Castel von Antwerpen.[2]) Freitags am $\frac{13}{23}$ Jul. fuhren wir zurück nach Leiden. und am folgenden Tag umb 1 Uhr mit der Treckschuyte über Leidenschendam nach der Stadt

Delft

3 Uhr, alwo ein feines Rathaus, in der einen Kirchen Prinz Wilhelms von Nassau. in der andern Tromps Grabmahl etc. gar schön zu sehen sind.[3]) Von hier weiter 2 Uhr nach

Rotterdam.

Diese Stadt an der Maas ist nach Amsterdam von Handlung in Holland wohl die beste. Sie ist gross und sehr volkreich, so dass sie auch viele Kirchen als die Grosse-Neue- Suyder- Fransche, Englische und Schottische Kirche füllen kan. Wir sahen allhier des berühmten Erasmi Wonhaus, ein kleines unansehnlich Häusgen, und auf dem grossen Markt (da wir logirten im Swyns-Hooft) seine ehrne Seule, auf diese Weise.[4]) Was vor inscriptiones sowohl in Lateinischer als Niederländischer Sprache rund herumb mit güldenen Buchstaben stehen, kan man anderweit lesen. Am $\frac{14}{24}$ Jul. fuhren wir mit einem Schiffe von Rotterdam die Maase hinauf, den Kinder-Dyk vorbei (welcher seinen Nahmen daher hat, dass in der grossen Wasserflut 1421 ein lebend Kind in der Wiegen daran schwimmen gekommen und erhalten worden) 3 Uhr nach der Stadt

Dordrecht.

Alhier nahmen wir das Mittagmahl ein zum weissen Engel, besahen hernach die Stadt ein wenig und reiseten weiter mit einer Schuyte über den Biesbos[5]) (dieses Wasser,

---

[1]) Die Maillo-Bahn oder Maliebaan ist noch jetzt erhalten und besteht in einer 1000 Schritte langen Allee von sechs Reihen Linden im O. von Utrecht. Vgl. Bädeker, Belgien und Holland S. 257.

[2]) Der Gasthof Vieux Château d'Anvers besteht noch jetzt.

[3]) In der Nieuwe Kerk am grossen Markt befindet sich das von Hendrik de Keijser und A. Quellinus 1621 vollendete prächtige Grabmal, welches die holländischen Provinzen ihrem im Jahre 1584 zu Delft ermordeten Statthalter Wilhelm von Oranien errichteten. Das Grabmal von Admiral Tromp († 1653) ist in der Oude Kerk. Vgl. Bädeker u. a. O. S. 275.

[4]) Hier folgt in dem Tagebuch eine Federzeichnung, welche das noch erhaltene bronzene Standbild des Erasmus von Rotterdam darstellt. Es befindet sich auf dem Markte und wurde im Jahre 1622 von Hendrik de Keyser angefertigt. Die Inschriften an dem Standbild finden sich bei Zeiller p. 150. Das Geburtshaus des Erasmus liegt in der Wijde Kerkstraat No. 3.

[5]) Der Biesbosch (Binsenbusch), eine grosse Wasserfläche zwischen Dordrecht und Geertruiden-berg, entstand am 18. Nov. 1421 durch eine Flut, welche die Deiche durchbrach.

4

das sehr lang und breit ist, nennet man sonst das vertrunkene Land, weil daselbst an. 1421 mehr als 70 Dörffer überschwemmet und zu Wasser geworden sind) etwa 3 Uhr nach

Gertruyden-Berg.

Dieses ist ein kleines artiges Städgen, dem Prinzen von Orange gehörig, ist fein fortificiret, und wird um so viel fester geachtet, weil man es kan weit und breit unter Wasser setzen. An einem Ende ist ein Schloss darinnen, welches man Spyt-Spanien[1]) nennet, weil der Prinz zum Anfang der Niederländischen Freiheit allhier am ersten Posto gefast. Der Kirchthurm drinnen ist gantz ruinirt, welches der Printz von Orange gethan, da er es den Spaniern hat wieder abgenommen.[2]) Wir waren allhier zum rothen Stern eingekehret.

Den $\frac{16}{23}$ Jul. marschirten wir mit einem zweirüderigten Karn und einem Gaul 3 Stunden von hier nach

Breda,

welcher Ort nicht so sehr seiner inwendigen Gebäude, als vortrefflichen Fortification halber berühmt ist. Wir fanden diese Werke an der einen Seite gantz vollkommen, an der andern aber neben dem Hagischen Thor ward noch stark daran gearbeitet. Sonst ist die Stadt an sich ziemlich gross und fein gebauet, mit unterschiedlichen Kirchen, als Catharinen-Daal- Barbaren-Capell etc. versehen, davon die letztere einen sehr hohen, von gehauenen Steinen gebaneten und durchgebrochenen Thurm hat. An den Wällen rund herumb inwendig sind die Baracquen oder Soldatenhäuser, wie auch vor der Stadt im Campement.

Von hier fuhren wir weiter 10 Stunden, und kahmen mit dem späten Abend und Thorschliessen nach

Antwerpen.

Wie wir allhier op de Maire, au Laboureur unsere Einkehr genommen und geruhet hatten, giengen wir des folgendes Tages in dieser schönen und prächtigen Stadt herum und besahen: Die Jesuiter-Kirche, ein köstlich Gebände mit einem treflichen Portal, daran des Ignatii Loyolae Bildnis stehet. Inwendig ist sie gantz mit Marmor überkleidet und gepflastert, das Gewölbe ruhet auf weissen Marmorsäulen ord. Ion. Die Decke der Umgänge, die Altäre und Wände sind mit den schönsten Schildereien von Rubens und van Dijck ausgezieret.[3]) An beiden Seiten sind Capellen, die ebenfalls mit schönem viel-

---

¹) Spyt-Spanien bedeutet Trutz-Spanien.

²) Geertruidenberg am Biesbosch wurde im Jahre 1589 von Alexander Farnese von Parma durch Bestechung der in der Stadt befindlichen englischen Garnison genommen, aber 1593 durch Moritz von Oranien wieder erobert. Vgl. van Kampen, Gesch. der Niederlande I S. 515, 529.

³) Die Jesuiten kamen im J. 1562 nach Antwerpen und errichteten dort 1614—21 eine pracht-volle Kirche im Stile der Spätrenaissance nach Plänen von Rubens. Diese mit marmornen Säulen, zahlreichen Altären, Statuen (darunter die des Ignatius von Loyola von A. Colyns von Nola) und 39 Gemälden von Rubens reich geschmückte Kirche brannte im J. 1718 bis auf den Chor ab und ist später einfacher wieder-hergestellt. Eine Ansicht des alten Baus und der Fazade mit dem Hauptportal giebt Jacob le Roy, notitia

fältigen Marmor eingelegt und mit herrlichen Bildern, silbernen Lampen etc. meubliret
sind. Absonderlich ist rar zu sehen das unvergleichliche weiss-marmorne Gitterwerck
für dem hohen Altar, daran Bilder der Tugenden geschnitzet, und eines, da das
Wort HVMILITER unterstehet, für andern schön ist. Oben gehet man an beiden Seiten
der Kirche auf einer schönen Gallerie herumb, welche mit Marmor und Schildereien ebenfalls gezieret und mit 2 Altären versehen: deren eines einem Spanischen Heiligen geweihet,
das andere aber den Stanislaus Cosca einen sehr jungen Pohlnischen Jesuiten (welcher
primi anni novitius gestorben und zwar beatus, doch aber noch nicht in sanctorum numerum
receptus ist) zum Patron hat.[1])

Neben dieser schönen Kirchen ist das Profess-Haus der P. P. Jesuiten, worin sie
eine feine Bibliothec haben, bestehend aus 4 Kammern nach einander, darin die Bücher
alle in einerlei Art vergüldeten Bänden, unter gewisse Rubriquen ordentlich herum stehen.
In der ersten Kammer war an der Seiten ein vergittertes Loch, infernus genand, darin die
libri haereticorum et prohibiti stehen: wie auch purgatorium, worin libri periculosae lectionis
aufbehalten werden.[2]) Unweit der Bibliothek sind über einander 2 grosse Säle, societates
geheissen, mit schönen Altären und Bildern gezieret, in welchen sowohl Männer als Jung-
gesellen und Knaben zusammenkommen und in Brabändischer, lateinischer und frantzösischer
Sprache predigen hören. Dieses alles liess uns ein sehr höflicher Jesuite sehen Nahmens
P. Franciscus de Malder.

Die Abbatie S. Michaelis liegt an einem Ende der Stadt an der Schelde, ist
bewohnt von Prämonstratenser-Ordens-Herren. Hier sahen wir etliche Zimmer, in welchen
der Spanische Gouverneur logirt, so oft er von Brüssel nach Antwerpen kömt; diese
waren alle vortrefflich schön meubliret mit Tappeten, Spiegel, Bildern, Schildereien etc.
und hatten eine sehr anmuthige Aussicht über die Schelde.[3])

Das Castel ist nahe hierbey, ausserhalb der Stadt gelegen, und vermittelst eines
flachen Feldes von derselben abgesondert. Wir wurden willig hinaufgelassen, nachdem wir
uns als Teutsche angemeldet hatten: funden inwendig gleich beim Eingange eine Kirche,
dann einen sehr grossen Platz, worauf vor diesem des Duc de Alba Seule gestanden,

Marchionatus sacri Rom. imperii h. e. urbis et agri Antverpiensis (Amstelaed. 1678) auf dom Stadtplan und
der Tafel zu S. 44. Vgl. auch Guicciardini, Belgicae s. inferioris Germaniae descriptio. Amstelaed. 1660
p. 158 f. und Zeiller p. 35. Jetzt ist die Kirche dem h. Carolus Borromaeus geweiht.

[1]) Stanislas Kostka geb. im J. 1550, gest. 1568.

[2]) Die Bibliothek der Jesuiten war mit ganz ähnlichen Worten auch in dem Tagebuch von Postel
beschrieben. Vgl. Wilckens, Hamburg. Ehren-Tempel S. 695 u. oben S. 7. Das Professenhaus ist jetzt
ein Jesuitenkolleg, St. Ignaz genannt.

[3]) An der Schelde, da wo jetzt der Quai S. Michel liegt, befand sich früher das im J. 1124
gegründete Prämonstratenser-Kloster zu S. Michael. Vgl. die Abbildung bei Le Roy zu Cap. X. und
Guicciardini l. l. p. 156: Habet magnam illam et opulentam Abbatiam S. Michaelis, ubi solennis Principi
urbem intranti sedes.

weiter nichtes als Soldaten- und etliche Bierhäuser.[1] An der einen Seite war auch eine Pulver-Mühle, in welcher alle Tage 1000 ℔ Pulver gemacht werden. Es commandirte dieses Castel ein Spanier, Namens Don Francesco Marco de Velasco.

Das Oostersche Haus liegt am andern Ende der Stadt. Ist ein gross viereckigtes Gebäude, inwendig mit einem grossen Platz, und rund herum mit Fenstern und Thüren versehen. Auf der einen Seite ist ein Thurm aufgeführet, der aber vor diesem viel höher gewesen und vor etlichen Jahren vom Wetter abgebrand ist. Hierunter ist das grosse Thor, darüber geschrieben stehet DOMVS HANSAE TEVTONICAE. Inwendig sind rund herum 2 Gallerien, dazu man auf grossen steinernen Treppen hinaufsteiget. Die Gemächer, deren mehr als 300 sein sollen, sind meist alle ruinirt, ausgenommen in dem untersten Stockwerk, alwo noch etliche meubliret sind. Daselbst werden in dem grossen Saal in 2 Schräncken noch etliche grosse Fagotten und Pfeifen aufbewahrt, welche die Kaufleute vor diesem vor sich her haben blasen lassen, wann sie auf die Börse gegangen. Dieses Haus bewohnet jetzund im Namen der 3 Städte, Lübeck, Hamburg und Bremen, Fr. Anna Margreta Beza Wittwe von H. Johan Müller, C. Baierschen und Mecklenburgischen Residenten.[2] Vor dem Hause ist ein grosser Platz, welcher vormahls zum Garten der Kaufleute gedienet hat, wird aber jetzund zu Bleichen gebraucht. Nahe darbey sind liebliche mit Bäumen besetzte Spatziergänge, welche doch weit übertroffen werden von dem überaus lustigen Walle (mit 4 Reihen Bäumen) rund um die Stadt herum. Doch hier darf man nur zu Fusse gehen, in der Stadt aber fährt man in Carossen die Tour à la mode. ●

---

[1] Im J. 1567 wurde von Herzog Alba eine Citadelle im S.W. von Antwerpen errichtet (vgl. die Stadtpläne bei Zeiller und Le Roy), aber 1577 samt der Statue des Herzogs von den Niederländern zerstört und nach der Eroberung der Stadt durch die Spanier (1585) wieder befestigt. An ihrer Stelle ist jetzt der Park des Palais de l'Industrie. Vgl. v. Kampen, Gesch. d. Niederl. I 381. 432.

[2] Nachdem die Hansestädte im 16. Jahrhundert auf mehreren Tagfahrten beschlossen hatten, ihr Kontor und ihren Stapel von Brügge nach Antwerpen zu verlegen, wurde hier im N. der Stadt zwischen zwei Kanälen von 1564–08 für 110 000 Gulden ein prachtvoller Bau (magnificum prorsus et regium opus, superbo plane adspectu et forma. Guicciardini p. 215) aufgeführt. Seinem eigentlichen Zweck, den Hansischen Kaufleuten in Antwerpen als Wohnung zu dienen, hat dies sog. Haus der Oesterlinge in Folge des Niederganges der Hansa nie erfüllt, sondern es wurde bald zu Lagerräumen vermiethet, bald zu militärischen Zwecken in Anspruch genommen, bis es endlich im J. 1863 von den Hansestädten Lübeck, Hamburg und Bremen an die Belgische Regierung verkauft wurde. Das noch erhaltene Gebäude, ein gewaltiges Viereck mit 3 Stockwerken, einem Turm und einem inneren Hof hat einen Umfang von 5000 ☐Metern. Es enthielt zwei grosse Säle, und auf zwei Galerien 150 Kammern (nach dem Text und anderen Angaben sogar 300 Kammern), und zahlreiche kostbare Geräthe, welche aus dem Kontor zu Brügge hierher gebracht worden waren. Vgl. Zeiller p. 37, Reis-Bock a. a. O. p. 307, Werdenhagen de rebus publicis Hanseaticis IV p. 1336 und die Abbildungen auf dem Stadtplan bei Le Roy und auf der Verkaufsanzeige vom J. 1890 (Vente publique de la maison des Villes Hanséatiques à Anvers). Die Baugeschichte dieses Hansischen Kontors und seine inneren Einrichtungen sind neuerdings nach Urkunden behandelt von L. Ennen und von C. Wehrmann in den Hansischen Geschichtsblättern. Jahrg. 1873 S. 53 ff. 101 ff.

Das Rathaus hat ein schönes Portal, liegt aber nicht alzuwohl, indem es an einer Seite alzuviel mit Häusern verbauet ist. Inwendig sind etliche feine Gemächer. Wir fanden auf einem Saal über dem Camin diese schönen Verse stehen:

Exoptata diu terris pax aurea coelo
Missa venit: saecli surgit melioris origo.
Aspera post quinis exercita praelia lustris
Pronuba christicolas jungit concordia Reges.
Et Gallo sociatur Iber, Bellona fugatur
Per taedas, Hymenaee, tuas. Jam foedere sacro
In Mahometigenas hostes jurata ferentur
Agmina. Submissis pallescet Bosporus undis
Torvaque Threiciae frangentur cornua Lunae.[1]

Die Wasserkunst ist auch beschenswürdig, da vermittelst eines grossen Rades mit einem Pferde umgetrieben durch viele kupferne Eimer das Wasser emporgehoben und hernachmahls durch die Stadt geleitet wird.

Unser L. Frauen Kirche ist ihrer Grösse, schöner Kapellen, Portalen, Schildereien wegen etc. zu bewundern. Auswendig stehet an einer Thüre ein aus Stein gehauenes Bildnis, worunter allerley Mahler- und Schmiede-Instrumenta gemahlet sind, mit folgender Bey-Schrifft: *Quintino Metsys, incomparabilis artis pictori admira'rix grataque posteritas anno post obitum saeculari 1629 posuit. Connubialis amor de mulcibre fecit Apellem.*[2] Dieser Mann ist zugleich ein künstlicher Schmid und trefflicher Mahler gewesen, wie er denn von beiden Handwerken ein Meisterstück hat hinterlassen in der S. Michaelis Capellen dieser Kirchen an einem Gemählde, und vor der Kirchen an einem schönen eisernen Gitterwerck über einem Brunnen.[3] Wir stiegen hiernechst auf den sehr hohen

---

[1] Diese Verse scheinen noch nicht veröffentlicht zu sein. Sie beziehen sich entweder auf den Frieden von Crespy (1544) zwischen Carl V. und Franz I., nach welchem der Herzog von Orleans, ein Sohn des letzteren, eine kaiserliche Prinzessin heiraten sollte, oder, was noch wahrscheinlicher ist, auf die im Pyrenäischen Frieden (1659) vereinbarte Heirat von Ludwig XIV. mit der spanischen Infantin Maria Theresia. Der Krieg zwischen Frankreich und Spanien dauerte von 1635—59, also fast quina lustra. Vgl. Ranke, sämtliche Werke Bd. 9, 346. 10, 131 ff.

[2] Die Inschrift ist abgedruckt in den Inscriptions funéraires de la province d'Anvers. Vol. I p. 438. Nach der Angabe von Herrn Th. Arnold, Konservator an der Universitätsbibliothek zu Gent, dem ich für die Belgischen Städte mehrere Mitteilungen verdanke.

[3] Die Kathedrale (Notre-Dame) in Antwerpen, mit der berühmten Kreuzabnahme von Rubens im südlichen Querschiff, ist die grösste und schönste Kirche in den Niederlanden. Neben dem Turmportal war der jetzt im Museum befindliche Grabstein des Malers Quintin Messys aus Antwerpen (1450—1529) eingemauert, welcher, um die Tochter eines Malers heiraten zu können, aus einem Hufschmied zu einem Maler wurde. Am Rande des Tagebuchs befindet sich hier eine Skizze des Steins mit dem im Relief dargestellten Brustbild von Messys, worunter links Palette und Pinsel, rechts Hammer und Ambos zu sehen sind. Vgl. Bädeker S. 105 und Nagler, neues allgem. Künstlerlexikon Bd. 9, 170. Vor dem Turm befindet sich der im Text erwähnte Brunnen mit einem Aufsatz von geschmiedeten Eisenstäben, angeblich ein Werk von Messys. Vgl. den Kupferstich mit der Ansicht der Kirche zu Le Roy Cap. VII.

Thurn dieser Kirchen, da man nicht allein die gantze Stadt, sondern auch die gantze Gegend biss auf 11 Stunden umbher und also die Städte Breda, Brüssel, Mecheln, Löven etc. übersehen kunte.

Endlich besuchten wir etliche Klöster dieser Stadt, nämlich die Minnebrüder oder Franziscaner, da uns P. Gisbertus Bosch herumführete und die Bibliothec zeigete; die Augustiner, da wir vortrefflich schöne Schildereien funden: die Lieben-Frauen-Brüder oder Carmeliten, die eine schöne Kirche haben und in derselben eine unvergleichlich herrliche Capelle von allerhand schön ausgearbeitetem Marmor, darin ein gantz silbernes Marienbild in Lebensgrösse stehet. An den Wänden siehet man unterschiedliche zierlich-gegrabene Bilder von weissem Marmel a basso rilievo, wovon insonderheit eine marchirende Armee den Vorzug hat. Vorne her ist eine Antichambre oder Sacristei ebenfalls von Marmor mit einem weiss-marmornen Tisch, schwartz-marmornen Spiegel, Springbrunnen etc. versehen. An der Seite steht eine artige Statua des angeli custodis; und bey der Thüre auf einer kleinen Taffel das Bildnis und Epitaphium des Stiffters Dni Joannis de Gavarelle, Equitis, der gestorben ist an. 1645.

Von Frauenklöstern waren wir bey den Regularen Augustini, den Annunciaten, da wir 2 Hamburgerinnen funden, bey den Norbertineressen, welche allerhand schöne Sachen feil haben, die bey ihnen gemacht werden, als Blumenbüsche, Früchte und dergleichen, die sehr naturel herauskommen; zierliche Bilder von Wachs poussiret und angekleidet etc. Bey den S. Margreten Nonnen sprachen wir eine, welche ein weiss Kleid anhatte, das sie ihrer Rede nach über 36 Jahr getragen.[1]) Zum Beschluss besuchten wir den Herrn Gaspar van Heerstraten, einen artigen freundlichen Mann, welchem Hertzog Christian Ludwig von Meckelnburg seinen Episcopatum Sverinensem cediret hat.[2])

Den 31/10 Jul. Abends um 6 Uhr fuhren wir mit einem Schiffe die Schelde hinauf und kahmen nach sechsmahliger verdriesslicher Verwechselung der Schiffe den andern Morgen frühe (10 Stunden) nach

Brüssel.

Wir nahmen unsere Einkehr au petit Duc und besahen die Jesuiter-Kirche; weil es eben Ignatii Festag war, als feierten die Patres mit grosser Solemnitet das Gedächtnuss ihres Stiffters Ignatii Loyolae; hatten ihre Kirche sehr schön gezieret mit Gemählden, Laurieren und Orange-Bäumen etc. und die Ehre, dass der Gouverneur Marquis de Grana daselbst gegenwärtig war.[3])

---

[1]) Über die zahlreichen Mönchs- und Nonnenklöster in Antwerpen s. Guicciardini p. 156 ff., Zeiller p. 35, Le Roy Cap. 11—16.

[2]) Christian Lonis I. von Mecklenburg-Schwerin (1658—92), welcher in Paris zur katholischen Kirche übertrat und später im Haag lebte, ernannte seinen Kaplan Caspar van der Heerstraten zum Bischof von Schwerin. Derselbe kam jedoch nie nach Mecklenburg. Vgl. Wigger, Jahrb. des Ver. f. Mekl. Gesch. Bd. 50. S. 294. 297. Raabe, Meklenburg. Vaterlandskunde. Wismar 1863, Theil II S. 959—72.

[3]) Vgl. De verordningen van den marquis de Grana in de Nederlanden. S. l. 1686.

Ihr Collegium ist nahe dabey, mit einem feinen Garten und schöner Bibliothec versehen: Wir funden einen hochtentschen Patrem, der uns herumführte (selbiger war vor diesem ein Rittmeister gewesen und hatte im Ungrischen Kriege gedienet). Der Eingang sowohl als die Bibliothec selber ist mit vielen Rariteten und Antiquiteten gezieret, als Römischen marmoribus, vasis, Lampen, urnis etc.[1]) An den Fenstern sind Contrefaiten der gelehrten Leute voriger Zeiten angemahlet. Bey der Thür steht ein roth sammitener Stuel, welchen K. Carolus V. vormals gebraucht und sich darin hat tragen lassen, wenn er vom Podraga geplagt worden. Es hangt eine artige Inscription dabey, etwa des Inhalts, dass auch die grössesten Leute der Gebrechlichkeit unterworfen sein. (NB. Wie ich hier so vermessen war, auch auf einer Stelle zu sitzen, welche vordem ein so grosser Kaiser bekleidet hatte, kam mein Degen mir unter den Leib und brach entzwei, samt meinem Hochmuth.)

Am folgenden Sontage ward aus S. Gudulae Kirche eine solenne Procession gehalten, wieder die Türcken-Gefahr.[2]) Da alle Ordensleute und Handwercker mit weissen brennenden Wachskertzen herumgingen, wie auch andere Leute von qualité, der Raht, Scheppen, etc. Hinter dem Sakrament gieng der Gonverneur, ebenfals mit einer weissen Kertze, und nach ihm unterschiedliche fürstliche Personen als Prince Vaudemont[3]), Hertzog von Holstein etc. samt einer unglaubl. Menge von allerhand Menschen.

Der Hof, da der Gonverneur residiret, ist ein altes Gebäude und inwendig nicht eben alzuschön gezieret. Hat 2 Thöre, eines von der Stad her und das andere nach dem Parc.

Dieser Parc ist ein sehr grosser lustiger Platz mit Mauren eingefast, und mit fruchtbaren (meist Nuss-) Bäumen besetzet und vielen Damhirschen versehen. Hin und wieder sind Grotten, darin artige Springbrunnen sind, absonderlich in einer, da Maria Magdelena aus weissem Marmor gehauen lieget. Dieses hervorspringende Wasser wird in einem steinernen Canal durch das Feld geleitet, damit das Wild daraus trincken könne. Am Ende nach dem Schlosse zu ist der Irgarten des Stadhalters mit köstlichen Wasser-Künsten, einer sehr schönen und künstlichen (auch betrieglichen) Grotte, Lusthause über dem Wasser gebanet etc.[4])

In der Stad nicht weit vom Hofe ist der Pferdestall, über welchem eine herrliche Rüstkammer ist, von allerhand alten Waffen, welche vor diesem die Ertzhertzoge von

---

[1]) Zeiller p. 44: Die Jesuiter haben auch eine Kirch und Collegium allhie (seit 1604); haben auch eine feine Bibliotheck. Vgl. Guicciardini p. 114 und die ähnliche Beschreibung der Bibliothek von Postel im Hamburg. Ehrentempel S. 690.

[2]) Die Prozession, welche J. v. Melle in der S. Gudula Kirche, der Kathodrale von Brüssel, mit ansah, bezieht sich auf die der ganzen Christenheit drohende Gefahr, als die Türken im J. 1683 Wien belagerten.

[3]) Karl Heinrich Prinz von Vaudemont (1649—1723), Sohn Herzog Karl's III. von Lothringen, war 1693 spanischer Kommandant in den Niederlanden. Vgl. Zedler, Universallexikon Bd. 45 S. 790.

[4]) Das alte Schloss der Herzöge von Brabant im W. von Brüssel (auf der jetzigen place royale) ist 1713 abgebrannt, der angrenzende Park mit seinen Grotten, Wasserkünsten, Fischteichen 1774 neu angelegt. Über die alte Anlage s. Abrah. Gölnitz, Ulysses Belgico-Gallicus s. itinerarium Belgico-Gallicum. Lugd. Bat. 1631 p. 121. Zeiller p. 46. Bädeker S. 61.

Österreich geführet haben: Hier sind auch vielerley Fahnen, die sie gebraucht und andern (als z. e. Carolus V. dem Francisco I. von Franckreich) abgenommen. v. Gölnitz p. 109.[1]) Das Rathaus ist ein altes, aber sehr schön ausgearbeitetes Gebäude aus gehauenen Steinen mit einem sehr hohen Thurm. Gegenüber ist das Becker-Hauss. v. Goln. p. 114[2]).

Sonst besahen wir noch andere stattliche Häuser, als das Hauss des Pr. von Oranjen, bewohnet von Prince Vaudemont: das Haus des Grafen von Egmond, bewohnet vom Prince d'Avreux, worin auf einem grossen Saal der Stambaum der Grafen von Egmond angemahlet und von den Friesischen Königen hergeführet ist: das Haus des Herzogs von Borneville, bewohnet von der Gräfin de Soissons, dabey ein sehr schöner Garten, auf einer Höhe gelegen, davon man über die Stadt weit ins Feld sehen kan, und absonderlich mit herlichen bleiernen Statuen ausgezieret.

Nachdem wir noch etliche Klöster gesehen und dem Herrn Pompejo Guisani, einem Domestiquen des Päbstl. internuncii Grafen Tanarii aufgewartet hatten, beschlossen wir, was in Brüssel zu sehen, mit einer italienisch-frantzösischen Opera von Proserpine, und fuhren am 24 Jul./3. Aug. mit der Ordinair-Kutschen über

Alost

ein Städgen, welches in dem Frantzösischen Kriege berühmt geworden, weil es von den Frantzosen demoliret ist[3]), alwo wir an Roy d'Espagne zu Mittag assen, nach

Ghend

10 Stunden von Brussel. Die grösseste Stadt in Flandern und berühmt wegen der Geburt des grossen Caroli V., welcher alhier zur Welt gekommen ist. Wir besahen das Schloss[4]), in welchem er gebohren ist, und zwar eine sehr kleine Kammer, 4 oder 5 Ellen breit: alwo eine Taffel hanget mit dieser Inscription: Augustissimus imperator Carolus V. in hoc perangusto loco natus anno 1500. 24. Februarii in festo S. Matthiae hora quarta matutina. An der Wand war mit Rötelstein angeschrieben:

Quam locus angustus nascenti sufficit, orbis
Cui mox regnanti vix satis amplus erat!
Sit licet angustus locus hic, angustior iste est.
In quo defunctus nunc jacet ille, locus.

F. W. R.

---

[1]) Eine Beschreibung des fürstlichen Marstalls mit einer Rüstkammer darüber findet sich bei Gölnitz l. l. p. 120 (irrtümlich im Text p. 100) und bei Zeiller.

[2]) Das Becker-Haus ist das sog. Brodhaus (frumentaria domus Gölnitz p. 120, jetzt auch maison du Roi genannt), 1525 vollendet, 1877 abgetragen und im alten Stil wiederaufgeführt.

[3]) Alost wurde am 12. Sept. 1667 von Turenne erobert. Vgl. v. Kampen, Gesch. d. Niederlande II 210.

[4]) Das alte Schloss der Flandrischen Grafen in Gent, der sog. Prinzenhof, in welchem Karl V. geboren wurde, ist längst verschwunden. Davon verschieden ist das hier ebenfalls erwähnte Kastell, welches Karl V. erbaute. Vgl. Zeiller S. 175.

Die Kirche, in welcher er getaufft ist, S. Bavoni geweihet, ist gross und überaus schön mit Marmor gezieret. Darunter · ist noch eine andere Kirche, worin alle Woche einmahl Messe gehalten wird, und unterschiedliche epitaphia sich befinden.[1])

S. Michaelis Kirche ist der schönen Gemählde wegen sonderlich zu sehen. Die anderen aber als S. Georgii und S. Jacobi Kirche etc. sind von gemeiner Art.

Von dem Castel, Rathauss, Doegbrugge, Thurn Beaufort, Caroli V. Säule etc. vid. Golnitz p. 19 sqq.[2]) Wir logirten alhier am Kornmarkt à l'Olifant und reiseten 26. Jul./5. Aug. zu Mittage mit einer Barque 8 Meilen nach

Brugge.

Nahmen die Einkehr in der Kornbluhme, besahen den folgenden Morgen die Freiheit, ein Hauss, da die Stände des herumliegenden Landes, Franconatus genandt, zusammen kommen und Gericht halten; ist mit schönen Gemählden und Statuen gezieret.[3]) Nahe dabei ist die Capelle des h. Bluts[4]), das Rathaus, mit vielen alten Statuen auswendig besetzet, die Thumkirche S. Donatiani, in welcher eine Gallerie umbs Chor herum ist, und auf derselben eine Capelle, vor welcher Carolus Bonus erschlagen ist.[5]) Bei dem Altar dieser Capelle ist dieser Carolus abgemahlet in nebenstehender Gestalt: auf seinem Beutel an der Seite stehet die Jahreszahl 1127 und auf dem Altar diese Worte[6]):

CAROLVS · PHILLIP · A · RODOAN · BERLECHEMIVS · IV · EPISCOP ·
BRVGEN · PERPET · ET · HEREDIT · FLAND · CANC · etc. HOC · SACELL ·
ILL.^{mi} · COMITIS · CAROLI · BONI · SER^{mi} · CANVTI · DANOR · REGIS ·
FIL · HIC · PARRICIDAR · IMMANI · SCELERE · TRVCIDATI · INCLV
TVM · MARTVRIO · HAC · INSIGNI · TABVLA · CAPITIS · MARTVR · D · N ·
IESV · CHRI · ALTARI · IMPOSITA · AD · AETERN · SANCTI · PRINCIPIS ·
MERITOR · SVÆQ · IN · EVM · DEVOTIONIS · MEMORIAM · SVIS · IMPESIS ·
EXORNAVIT.   A · EPISCOPAT · SVI · V

[1]) Die Kathedrale S. Bavo aus dem 13. Jahrh. hat eine ältere Krypta. Der Taufstein befindet sich im Querschiff.

[2]) Der 118 Meter hohe Glockenturm Beaufort (Guicciardini p. 339 turris Bellafortis, jetzt Belfried genannt) mit einem vergoldeten Drachen als Windfahne steht unweit der Kathedrale. Vgl. Bädeker S. 139. Das Standbild Karls V., von der Infantin Isabella auf dem Freitagsmarkt errichtet, wurde 1794 von den Franzosen zerstört.

[3]) Gemeint ist wahrscheinlich das Rathaus der „Freiheit Brügge" (Franc de Bruges) d. h. des freien Landgebiets (Franconatus). An seiner Stelle ist auf der Place du Bourg im 18. Jahrh. das Palais de Justice errichtet; doch ist der Gerichtssaal des alten Bau's erhalten. Vgl. Guicciardini p. 358. Bädeker S. 162.

[4]) Die Kirche St. Basile oder Chapelle du Saint-Sang.

[5]) In der Thumkirche S. Donatiani (Cathédrale de St. Donat) wurde im J. 1127 Karl der Gute, Graf von Flandern, Sohn des Dänischen Königs Knud's des Heiligen (1080—86), von aufrührerischen Unterthanen ermordet. Vgl. Dahlmann, Gesch. v. Dänemark Bd. I 204 und J. Gailliard, inscriptions funéraires et monumentales de la Flandre occidentale. Bruges 1861. Tome I p. 8.

[6]) Am Rande der Handschrift ist hier das Bild des ermordeten Grafen in stehender Figur mit Schwert und Gürteltasche abgezeichnet. — Die im Text folgende lange lateinische Inschrift, welche der Bischof von Brügge Carolus Philippus de Rodoan aus Berleghem (1604—16) am Altar anbringen liess, existiert nicht mehr. Unter dem Bilde des Grafen steht jetzt eine vlämische Inschrift. (Nach Angabe von Herrn Arnold.)

Bey den Jesuiten funden wir nicht was wir suchten, nemlich eine Bibliothec, weil dieselbe klein und nicht in Ordnung war; zudem das Collegium und Garten sehr schlecht; die Kirche aber noch ziemlich. Wie wir hiernechst noch S. Servators-Kirche[1]), die Wasser-Mühle, welche das Wasser in die Stadt treibt, samt denen dabey sich befindlichen Wasserkünsten besehen hatten, reiseten wir 27. Jul. /6. Aug. zu Wasser 5 Meilen nach

Ostende

einer Stadt, die ihrer ausgestandenen Belagerung und köstlicher Fortification wegen in aller Welt bekand ist.[2]) Wir mussten uns beim Gouverneur angeben und logirten zum Pelicau. Den folgenden Morgen, als am 28. Jul./7. Aug. fuhren wir mit einer Kutschen am Strande hin nach der Stadt

<small>st.</small>

Nieport

3 Meilen von Ostende, nicht sonderlich bebauet, sondern mit schlechten Häusern versehen. Nachdem wir allhier au perroquet gespeiset, gingen wir einen Canonschuss von hier an das Canal, da Frantzösisches Gebiete angehet. Allhier wurden wir von Frantzös. Bureau visitiret. Hernach fuhren wir mit der Barque das Städgen Vuerne[3]) vorbey biss

Duynkercken

alwo wir abermahl in der Wache visitirt wurden. Dieser Ort hat ziemlich feine Häuser, und vor allen eine überaus schöne, von gehauenen Steinen aufgebaute Citadelle, welche der Franzosen Ausssage nach über 15 Millionen kosten soll. In derselben sind sonderlich 2 hohe Cavalliere[4]), auf deren einem unterschiedliche schöne metallene Stücke liegen, welche sie noch von Nancy hergeholet haben. Eines unter diesen ist von grosser Länge und wird la colouvrine gehandt. In der See liegt noch eine Citadelle runder Form, welche Richebanc heisset. Wir logirten allhier aux trois Roys und giengen am folgenden Tage, als 29. Jul./8. Aug. zu Pferde noch 6 Meilen durch

<small>blr.</small>

Gravelingen

eine kleine schlechte Stadt, da wir à la grande Bouteille frühstückten, und abermahl vom Bureau überlauffen wurden, nach

Calais.

Beim Eingang wurden wir noch eins visitirt, kehrten hernach à la Sirene ein, besahen den Hafen (da wir bey klarem Wetter Engelland und das Castell von Dover deutlich konten liegen sehen), die Kirche, das Castel und Fortification der Stadt. Des

---

<small>
[1]) Über die Bibliothek und die schönen Gartenanlagen im Jesuitenkollegium s. Gölnitz p. 11, welcher die erstere als eine reiche bezeichnet. Die Servatorkirche heisst auch S. Salvator (St. Sauveur).

[2]) Ostende wurde nach dreijähriger Belagerung im J. 1604 von Spinola eingenommen. Vgl. v. Kampen a. a. O. I 565 ff.

[3]) Jetzt Furnes.

[4]) Littré s. v. cavalière: Amas de terre, dont le sommet composa une plate-forme, sur laquelle on dresse des batteries des canons. Über solche Schanzen vgl. Zastrow, Gesch. d. Befestigung 3. Aufl. S. 70.
</small>

folgenden Mittags um 2 Uhr gingen wir zur See mit dem Packetboot, und fuhren mit gutem Winde und schönem Wetter, aber krankem Leibe wegen der grossen Bewegung über das Canal 7 Meilweges, dass wir endlich gegen 6 Uhr mit einem kleinen Bot uns an Land setzen liessen und also glücklich in

ENGELLAND

anländeten, und zwar an der Stadt

Dover

welche in Form eines halben Mondes an dem Strande liegt und eine ziemliche Länge hat. Wenn man hinanfährt, liegt auf einem sehr hohen Berge zur rechten Seite das Castel; ein uhraltes Gebäude von ziemlicher Grösse, so dass es eine gantze Stadt in seinen Mauern begreiffen solte. Es ist von den Römern noch gebauet, wie man wahrscheinlich dafür hält, und stehet ein grosser runder Thurm darin, welchen man für Julii Caesaris Gebäude ausgiebt.[1] Sonst sind viel andere neuere Gebäude da, und auch eine alte verfallene Kirche, in welcher wir des Admiral Howards, eines praefecti dieses Castels, Thom. Hallers, eines Constabularis, und andere Grabmahle und Epitaphia funden. Es waren auch über 100 Stücke Damhirsche droben. An der Seite nach der See zu war ein gemauerter sehr tiefer Brunnen, da man die hinuntergeworfenen Steine lange konnte prasseln hören, ehe sie hinunter kahmen. Unweit davon standen auf etlichen Batterien unterschiedliche metallene Stücke, darunter eine sehr lange Schlange war (doch nicht so dick wie die Duynkerkische colouvrine), welche unseres Führers Vorgeben nach halb über den Canal reichen sollte. Die Königin Elisabet hatte dieses Stück noch giessen lassen[2], zu Utrecht, weswegen hinten darauf stand:

Jan Tolhuys van Utrecht, 1544.

Oben darauf war geschrieben:

Breeck scuret al muer ende wal bin ic geheten,
Doer berch en dal boert minen bal van mi gesmeten.

Wir logirten hier im Posthause zum güldenen Löwen, wurden bey unser Ankunft zwar von Königlichen Leuten, aber mit aller Höflichkeit visitiret, und mussten unsere Nahmen von uns geben. Den 31. Jul./10. Aug. um 9 Uhr Vorm. fuhren wir mit der Kutsche von Dover nach

Canterbury

einer ziemlichen Stadt, da wir zum rothen Leuen logirten, und vornehmlich die Ertzbischöffliche Kirche besichtigten. Diese ist gar schön von gehauenen Steinen gebauet und sehr

---

[1] Über das bereits von den Römern gegründete und später erweiterte Kastell von Dover (portus Dubris) vgl. Guil. Camden, Britannia. Londini 1600 p. 304. Büsching, neue Erdbeschreibung Theil II S. 1551.

[2] Diese Angabe lässt sich mit der auf der Kanone befindlichen Jahreszahl nicht vereinigen. Das Richtige giebt wohl Büdeker, London und Umgebungen 10. Aufl. 1800 S. 300: Gezeigt wird eine 7,3 meter lange eiserne Kanone ("Queen Elisabeth's pocket pistol"), 1544 in Utrecht gegossen und von Karl V. an Heinrich VIII. geschenkt.

3*

gross. Erst kömt man in einen weiten leeren Platz, dessen Gewölbe auf hohen Säulen ruhet, dann gehet man etliche Stuffen auf zu dem Chor, der mit Gittern abgesondert ist und der canonicorum Stüele in sich hat. Hinter diesem ist noch ein ander Chor, darin stehet ein Stuel von Serpentin-Stein, worauf die Ertzbischöffe eingeweihet werden. Dann findet man viele Tumben und Grabmahle, als des Königes Henrici IV. mit seiner Gemahlin, des also genandten Black-Princen oder Eduardi Nigri von Metall mit dieser Inscription: Cy gist le noble Prince, Mons. Edward aisnez fils du tresnoble Roy Edward tiers, jadis Prince d'Aquitanie et de Gales, duc de Cornewale et conte de Cestre, qui morut — — 1376. Oben über dieser Tumbe hengen seine Waffen, die er im Leben geführet hat.[1])

Unter dieser Kirchen war noch eine andere Kirche, in welcher die Frantzösische Gemeine ihren Gottesdienst verrichtet.[2])

Wie wir dieses gesehen und gespeiset hatten, fuhren wir noch den Abend nach

Sittingborn

einem Flecken, da wir zum Ritter S. Georgen übernachteten. Am ⁴/₁ Aug. fuhren wir von hier durch

Rochester

eine sehr lange Stadt, alwo auf der Rivier die Königlichen Kriegsschiffe lagen; und bey der Brücken ein altes Schloss zu sehen war, nach

Dartfort

einem kleinen Städgen oder Flecken, da wir zum schwartzen Stier zu Mittag assen, und des Abends gegen 6 Uhr erreicheten die Königliche Hauptstadt

LONDON.

Alhier nahmen wir den ersten Abend unsere Einkehr in the Globe, biss wir des folgenden Tages in Pension kahmen bey M. Peter Langmake in Warwicke Lane near Warwicke Court (da wir für Kammer, Bette und Tisch wochentlich die Pension 10 Engl. Schilling zahlten).

[1]) Die prachtvolle Kathedrale von Canterbury, deren sehr langer Chor im gothisch-normannischen Übergangsstil von Wilhelm von Sens bald nach 1170 begonnen wurde, ist vielfach beschrieben und abgebildet worden. Vgl. Beeverell, les delices de la Grande Bretagne, Tome IV. Leide 1727 p. 819 ff. Schnaase, Gesch. der bildenden Künste. 2. Aufl. Bd. 5 S. 179 ff. Bädeker, Grossbritannien S. 10 ff. Mit dem zweiten noch um einige weitere Stufen erhöhten Chor ist die Trinity-Chapel gemeint, in welcher sich die Grabmonumente von K. Heinrich IV. und Prinz Eduard, dem sog. schwarzen Prinzen, befinden. Eine Abbildung des letzteren Denkmals findet sich in dem Werke „Nordlandfahrten". 2. Abth. „Malerische Wanderungen durch England und Wales." Leipzig 1881. S. 105. Den östlichen Abschluss der ganzen Kirche bildet eine Rundkapelle, Beckets Krone genannt, weil hier ein Altar mit Reliquien des 1170 in der Kirche ermordeten Erzbischofs Thomas Becket war. In der Corona steht auch der im Text erwähnte sog. Stuhl des h. Augustin. — Ein hier noch folgendes Verzeichnis von Erzbischöfen, deren Denkmäler v. Melle in der Kathedrale sah, übergehe ich.

[2]) Die Krypta unter dem Chor diente später als Kirche für die nach Canterbury geflüchteten Wallonen und Franzosen evangelischen Bekenntnisses. Vgl. Beeverell, delices p. 825. Büsching, neue Erdbeschr. 7. Aufl. Theil II S. 1553.

₁/₃ Aug. stiegen wir auf das sogenannte Monument, welches zum Gedächtnis des grossen Brandes von an. 1666 aufgerichtet ist. v. the pres. state of Engelland part 2 p. 228 sqq.¹) Wir zehlten 310 Stuffen biss an die Gallerie, von welcher wir die gantze Stadt weit und breit übersehen kunten.²)

¹/₄ Aug. abends um 8 Uhr fuhren wir mit einer Kutschen 20 Englische Meilen nach Windsor, da der König damahls sich aufhielt. Dieses ist eine kleine schlechte Stadt, an der Temse gelegen, aber das Schloss ist ein schönes grosses Gebäude, auf einem hohen Berge, von wannen man weit das Land übersehen kan. Wir waren am Sontage in des Königs Capelle, da wir die Englischen Kirchen Ceremonien, den König, Lady Anna, duc de Grafton, duc de Richmond, des Königs natürliche Söhne, und den Hoff sahen.³) Nach angehörtem Sermon sahen wir den König speisen, welcher niemand mehr an der Taffel bey sich hatte, als die Königin, duc de Jorck und Printz Georg von Dennemarck (welcher am vorhergehenden 28. Jul./7. Aug. mit der Lady Anna vermählet war). An den Gemächern dieses Schlosses fanden wir das beste zu sein die herlichen Schildereien, absonderlich in dem Saal, welcher zu der Ritterschaft des Hosenbandes oder S. Georgii Orden gehört.⁴) Nachmittage hörten wir in der Stifftskirchen die canonicos ihre horas halten, in dem Chor, darin aller Ritter von jetztgedachtem Orden, Fahnen, Helme und Degen nach der Ordnung herumhangen. In dieser Kirchen liegt der König Henricus VIII., Henricus VI., Edwardus IV. und Carolus I. begraben.⁵) Wir fuhren mit einem Boote von hier ⁵/₆ Aug. die Temse hinunter, Hamptoncourt vorbey, wieder nach London. (18 Engl. Meilen).

Den ⁷/₈ Aug. besahen wir den Tower von London, eine alte Citadell von sonderlicher Grösse, rund herum mit Stücken, und inwendig mit einer starken Wache versehen. Wir mussten in dem innern Thore unsre Degen von uns geben, und wurden von einem Englischen Schweitzer herumgeführet. Man zeigte uns dreierley Zeughäuser, deren eines mit lauter metallenen Stücken, Feuermörsern, Granaten, Satteln etc., das andere mit Musqueten, Röhren, Pistolen, Carbinern, Haken etc., und das dritte mit Harnischen angefüllet war. In diesem letzten war sonderlich notabel die überaus grosse Rüstung und Schwerd

---

¹) Über die hier angeführte Schrift s. S. 4, Anm. 2.

²) Das Monument, eine 61 mt. hohe Säule zur Erinnerung an den Brand, in Fish Street Hill hat im Innern eine Treppe von 345 Stufen, und steht auf einem Sockel mit allegorischen Reliefs. Vgl. die Beschreibungen und Abbildungen bei Burlington, the modern universal British Traveller. London. p. 267. und im Illustrirten London-Führer 2. Aufl. Leipzig 1859 S. 300. Delices zu p. 807.

³) König war damals Karl II. (1660—85); Lady Anna ist die Tochter Jakob's II., die spätere Königin Anna von Stuart (1702—14).

⁴) Die grosse St. George's Hall in Windsor Castle mit zahlreichen Porträts englischer Regenten an den Wänden, mit den Wappen der Ritter des Hosenbandordens an der Decke und vielem bildlichen Schmuck ist beschrieben bei Burlington p. 366.

⁵) Die Stiftskirche (St. George's Kapelle) mit den Königsgräbern im Chor wurde 1474 von Eduard IV. erbaut.

Johannis de Gaunt ducis Lancastriae, Regis Castil. et Legionis, des vierten Sohnes K. Eduardi 3., deren oberstes ich mit der Hand nicht abreichen konnte.[1] Die vollen Harnische samt der Pferde-Rüstung unterschiedlicher Könige als Guilielmi Conquestoris. Eduardi 3., Eduardi 4., Henrici 4. 5. 7. 8 etc. und dann insonderheit der eiserne, inwendig mit rothem Sammit gefütterte Latz K. Henrici 8.[2]

Im Tower ist noch über dem Zuvorgemeldeten zu sehen in den Zeughäusern: K. Henrich des 8ten Rohr und Pistolen von ungewöhnlicher Grösse. Des jetzigen Königs und seines Herrn Bruders Musqueten (mit Silber eingelegt), damit sie in der Jugend exercirt worden. 3 bleierne mit Leder überzogene Canonen, die man auf dem Pferde führen kan. 1 lange Büchse, die eine Englische Meile weit reichen soll. eine platte Canone mit 3 Mundlöchern: am Zündloche stehet: Petrus Raude operis fidei artifex. Henricus VIII Dei gratia Angliae et Franciae Rex fidei defensor, dominus Hiberniae, oben an den 3 Mundlöchern: pour defendre. Eine Bombe von 500 ℔. Ein Schild, darin eine pistol ist. Japonisch Gewehr. Ein Schwein-Spiess, das die Englischen Weiber den Dänen abgenommen, derwegen sie auch das Recht erhalten haben. Hüte zu tragen. Ein höltzern Stück mit dieser Inscription: Marte quid opus est, cui Minerva non deest. Adrian Poning. Henrici VIII. Harnisch. Sein Spatzier-Stab, daraus man schiessen kan. Das Beil damit Anna Bolena und der Graff von Essex enthauptet worden. Ein Stück, welches 8000 ℔ gekostet, gemacht an. 1608 mit der Aufschrifft: Le tres haut et tres puissant prince Henry fils aisne du Roy nostre Seigneur, Prince de la Grande Bretaigne et d'Irelande, duc de Cornvaille, Chevalier du tres noble Ordre de la jartiere.

Die Müntze, da alles Englische Geld geprägt wird, das Königl. Archivum und dan etliche Leuen und Leninnen. Das innerste 4eckigte Gebäu des Towers wird nicht gewiesen, sondern Pulver darin verwahret.

In einem dunckeln Gewölbe ward uns bey angezündeten Kertzen (durch ein Gitter) gewiesen: Ein güldenes mit vielen Edelsteinen versetztes Zepter, welches dem Könige vorgetragen wird. Oben daran ist eine Taube, und soll dasselbe noch von Eduardo Confess. herkommen. v. Becman, hist. orb. Terr. p. 560.[3] Noch ein ander güldenes Zepter, woran neben anderen Edelsteinen oben ein sehr grosser Amethist, welches der König bey der Krönung in der Hand führet. Der güldene Reichsapfel mit vielen runden Perlen, Edelgesteinen und grossen Amethist besetzet, absonderlich einem Creutz von herlichen

[1] Johann von Gont. Herzog von Lancaster, war verheiratet mit Constanze, der Tochter Peter's des Grausamen von Castilien, und legte sich nach dessen Tode im J. 1370 den Titel eines Königs von Castilien und Leon bei. Vgl. Weber, allgem. Weltgeschichte Bd. 8 S. 100.

[2] Über die Rüstungen in der Waffensammlung des White Tower und insonderheit über die Rüstung Heinrich's VIII. vgl. Uffenbach a. a. O. II 471. Bädeker, London 10. Aufl. S. 109.

[3] J. C. Beccmanni hist. orbis terrarum geogr. et civilis. Francof. ad. Od. 1673 p. 328: sorrant hodie vestes Eduardi Confessoris et sceptrum cum columba inter Regalia. Dies sog. Taubenscepter nebst den übrigen Reichskleinodien befand sich früher im Jewel House (Burlington p. 264. Illustr. Londonführer S. 110). Jetzt sind die Kronjuwelen im Wakefield Tower.

Diamanten. Die Crone, 8 Pfund schwer, ihres Schmucks wegen auf hundert 1000 Pfund geschätzt.[1]) Oben war ein sehr grosser Schmaragd, und gantz zu öberst eine länglicht-runde Perle, die in Holland für 18 000 Pfund versetzt gewesen. Dann noch ein güldener Adler, daraus der König gesalbet wird, und unterschiedliche silbern-vergüldete Gefässe, als das Königliche Tauf-Becken, Handbecken, Kanne etc.

Den 1½ Aug. sahen wir die Kirche von Westmünster, ein grosses und köstliches Gebäude, wiewol sehr alt, von gehauenen Steinen und mit Kupffer gedeckt. In der Mitten ist ein kleiner Platz abgesondert, worin geprediget und der übrige Gottesdienst verrichtet wird, weil sonst die Kirche alzu gross sein würde (und also ist eine Kirche in der anderen). Im Chore, welches aus unterschiedlichen Capellen bestehet, sind sehr viele fürstlich- und gräffliche Begräbnüssen; vor allen aber sind besehenswürdig die Königlichen Gräber, deren unterschiedliche sowohl von Ertz als Marmor daselbst zu sehen sind[2]). __ __

Nahe bey dieser Kirchen sahen wir das Ober-Parlaments haus (mit grossen roth-bezogenen Wollsäcken meublirt, welche man anstat der Stühle gebraucht). Man wiese uns hier im Hofe eine kleine zugemauerte Thür, die vor diesem in der conspiratione pulveraria gebrauchet worden, und im Keller den Ort, da 16 Säcke Pulver gleich unter des Königs Stul gelegen haben, item ein Secret, darin sich der Kerl, der es anzünden sollen, mit Nahmen Guide Faux verborgen hat. 1605.[3])

Das Unter-Parlament-Hauss ist mit vielen Bäncken rund herumb versehen, so dass es 510 Menschen fassen kan, und mit grünem Tuch bekleidet. Ferner waren wir in dem Königlichen Schlosse Whitehall, einem alten Gebäude, aber doch mit vielen schönen Zimmern bebauet. An der einen Seite stehet das Pancket-Hauss, ein schön Gebäu, vor welchem nach der Gasse zu wir die unglückselige Stelle sahen, da König Carolus I. zum Märtirer geworden.[4])

Neben an ist ein artiger Spatzierplatz, wie ein Garten, in welchem 4 metallene und viel andere Römische steinerne Statuen stehen: an der Mauer liegen unterschiedlich andere zerbrochene Bilder und platte Steine mit lateinischen und griechischen inscriptionibus.

---

[1]) Ist wohl die für die Krönung Karl's II. angefertigte St. Eduard's Krone. Vgl. Uffenbach II 470. Am Rande des Tagebuchs hat v. Melle die Krone abgezeichnet.

[2]) Die folgenden Epitaphien und sonstigen Sehenswürdigkeiten der Westminster-Abtei sind so vielfach beschrieben, dass sie hier übergangen werden können. Vgl. S. 8.

[3]) Von dem alten Westminster-Palace ist nur noch die Westminster-Hall erhalten. Diese und die angrenzenden Gebäude mit den Räumen für das Ober- und Unterhaus, wie sie zur Zeit J. v. Melle's waren, sind abgebildet bei Beeverell, delices IV zu p. 938 ff. Über die Pulververschwörung und das Gewölbe unter dem Oberhaus, von wo aus Guy Fawkes König und Parlament am 5. Nov. 1605 in die Luft sprengen wollte, vgl. Weber, allg. Weltgesch. Bd. 12 (1876) S. 97. Uffenbach II S. 514.

[4]) Das Schloss Whitehall zwischen der Themse und S. James Palace, unter Karl II Residenz und „Hauptstapelplatz der Neuigkeiten" (Macaulay, Gesch. Englands, übersetzt v. Bülau Bd. I S. 330), brannte im J. 1697 ab bis auf die von Jakob I. erbaute neue Banqueting Hall. (Abbildung in den delices de la Gr. Bret. zu p. 936.) Durch eine in die Mauer der letzteren gebrochene Öffnung wurde Karl I am 30. Jan. 1649 auf das beim Schloss errichtete Schaffot geführt. Vgl. Weber a. a. O. Bd. 12 S. 207.

Gegenüber ist der Parc ein schöner Ort, mit ordentlich-gepflanzten Bäumen, Teichen, einer Malljen-Bahn etc., welcher des Abends bey schönem Wetter von vielen Galanten pflegt besucht zu werden. Dabey ist S. James des due de Jork Residence.[1]

22 Aug. besuchten wir Gresham Colledge in Bischopgate-Street, ein Collegium der Royal Society (Pres. state of Engell. pars 2 p. 288. of Lond. 1621), da wir die Rarität-Kammer der Societet besahen und alles nach einem gedruckten Catalogo examinirten, dessen Titul ist: Musaeum Regalis Societatis, or a Catalogue and description of the natural and artificial rarities belonging to the Royal Society and preserved at Gresham Colledge; by Nehemjah Grew M. D. fellow of the Royal society and of the Colledge of Physitians. London 1681. fol. Es war unter andern zu sehen[2]: 1 Katze mit 7 Beinen. 1 Mumie. 4 Bretter auf welchen alle Nerven des Menschen künstlich aufgeklebet sein. 1 Menschenbein mit dem Fussblade zusammen gewachsen. Viel sceleta von allerhand Thieren. Hasenhörner. 1 vollkommen Kalb mit 2 Köpfen. 1 Elephanten-Rüssel. 1 Repositorium mit allerhand Eidexen, Salamander, Chamäleon etc. 1 Einhorn 8 Fuss lang. 1 Repositorium mit vielerley Schlangen. Grosse Fledermäuse. 1 Casuarius der Eisen frist. 1 gehörnte Krähe. 1 Schublade mit etlichen Römischen und anderen Medaillen, darunter die papierne ist von Leiden. 1 Repositorium mit allerley Muscheln und Schnecken. 1 Repos. Fische ohne Blut, als Hummers, Moluckische Krebs etc. 1 Repos. mit insectis. 1 Repos. mit Bäumen, Zweigen, Blättern: darunter eine artig durchgeschnürtzte Pfeiffe. 1 Repos. Früchte und Thiere die zu Stein worden, als Krebs, Birn, etc. 1 Rep. mit Corallen. Mineralia. Viele eingefasste Steine mit Landschafften. 1 grosser Magnet von 9 ℔, im Diameter 4½ Finger, lieget auf einem runden Tische mit 32 Compassnadeln herum.[3] 1 Repos. mit instrumentis chymicis und anatomicis. 1 Rohr, darauss man 7mahl nach einander ohne Ladung schiessen kan. 1 Indianische Feder-Perruque. 100 höltzerne Becher in einander. 1 Römische Urna von Glass. 1 irdener Krug, der mit Wein gefüllet gewesen und unter der Erden lange Zeit gestanden, da der Wein sich wie ein gelinder Schwam ausswendig umb die Bouteille gesetzt. Wetter-Instrumente. 1 Schiff mit doppelten Böden. Eine doppelte Windeltreppe. Grönlandisch Schiff. Indianisch Schlaff-Netz, Mantel, Zepter, Schüsseln, tegumenta pudendorum.

---

[1] Die alten Parkanlagen beim S. James Palace mit mehreren Reihen langer Alleen (Mallje-Bahn) sind abgebildet in den delices zu p. 935.

[2] Das alte Gresham-College in Bishopgate, in welchem Vorlesungen gehalten wurden und die K. Societät sich versammelte, und das dort befindliche Museum beschreibt auch Uffenbach II 545 ff. und verweist auf View of London vol. II 664 ff. Von dem im Tagebuch folgenden Verzeichnis sind hier die ganz unwichtigen Gegenstände nicht mit abgedruckt.

[3] Den grossen Magnet, den Wren angefertigt hat, „um die Variationes und Delineationes zu erforschen", beschreibt ausführlich Uffenbach II 547 (Fig. XLII).

Auf dem Moorfield ist zu sehen Bethlehem oder Bedlam ein prächtig-gebautes Hauss mit 100 gezeichneten Kammern auf 2 langen Gallerien, vor unsinnige Menschen. v. present state of London p. 96.[1]

Wenn man mit kleinen Böten oder Werries über die Tamse fähret (NB. das Geschrei der Oars und Skuller, item auf dem Wasser mit vorbeifahrenden), kann man beschen 1. das Spiegelhauss in einem Garten, ein 4eckigt Hauss mit kleinen Cabineten in jeder Ecken, inwendig gantz mit Spiegeln überkleidet. In der Mitte ist eine artige Fontaine, da das Wasser von oben durch viel cristalline Becher fällt. 2. Die Spiegelhütte, da man die grossen Spiegel und Kutsch-Gläser machen siehet. 3. Den Springgarten mit vielen schönen Alleen, da man promeniren und mit einem Trunck sich laben kan.[2] 4. Das Music-Hauss, da man auf einem schönen Saal wohl umbs Geld accommodiret wird.

Das Rathaus heisst Guilde-Hall, in den Gemächern hangen herum die portrait der Aldermänner, in ihrem rothen Talar, des Königes und duc de Jorc (present state of London p. 333[3]).

Neben an ist die Blackwell oder Laken-Hall, da alles Tuch verkaufft wird. v. pres. st. of London p. 334.

In der Lutherschen Kirchen (woran M. Gerhard Martens Prediger ist, der alle Sontage Vor- und Nachmittag prediget) stehet an einem gehauenen Stein diese Inscription: *Templi hujus structura sumptibus Germanorum Augustanae confessioni addictorum inchoata XI. Calend. Decembr. MDCLXXII et confirmata Mense Decembri MDCLXXIII.*

Gegen der Exeter change über ist die Savoye, ein Platz da eine Glasshütte ist. worin man schöne Gläser machet. V. pres. stat. of Engl. part. 2 p. 300.

Am 23. Aug. als S. Bartholom. Abend ritte der Lord Major mit einem vorgetragenen Schwerd (in der Scheide) und 4 Altermännern herumb in der Stadt und gab die Freiheit das Bartholomy-Faire oder Marckt zu halten.

Auf des Duks Theatre oder playhouse ward 21. Aug. eine sehr lustige und schöne Comedie presentiret, genand the Jovial Crew oder Merry beggers.

24. Aug. fuhren wir die Temse hinunter (4 Meilen) nach Greenwich, da die Königin Elisabet geboren ist (Cuckolts-Point), Deptford vorbey, und auf dem halben Wege eine Windmühle, davor ein Pfal stehet mit Hirsch- und Ochsen-Hörnern behangen. ein Geschenk K. Henr. VIII. Zu Greenwich ist ein feines Königl. Schloss, welches aber noch nicht ausgebauet ist. Dann der Königin Hauss; und auf einem Berge ein Observatorium, worinnen beim Eingange an einem Stein diese güldenen Worte stehen: *Carolus II*

---

[1] Das alte Gebäude der Irrenanstalt Bedlam (Bethlehem-Hospital) in Moorfields am r. Ufer der Themse ist abgebildet in den delices IV zu p. 628. Vgl. Burlington S. 275 und über den Neubau vom Jahre 1812: Büdoker S. 265.

[2] Vielleicht ist es der Springgarten mit Alleen, verdeckten Gängen und grünen Häuschen in Foxhall bei Lambeth-House, welchen Uffenbach II 588 beschreibt.

[3] Guildhall, das alte Rathaus der City, ist seit dem Brande im J. 1666 vielfach umgebaut. Delices zu p. 903. Über die Portraits der Aldermänner vgl. Burlington p. 278.

6

rex optimus, astronomiae et nauticae artis patronus maximus, speculam hanc in utriusque commodum fecit. An. D^ni MDCLXXVI, regni sui XXVIII. curante Jona Moore milite R. T. S. G.[1])

In der Stube stehen 2 grosse Quadranten, und an der Wand 2 silberne Scheiben, darauf stehet motus annuus, und gehen 14 Monat 8 Tage immer fort. Oben sind sonderbare Unruhen wie 2 Käse gemacht. Nahe bey der Thür ist noch eines mit der Inscription:

Motus perpetuus.
Hunc si respicias nunquam te crastina fallet
Hora, nec insidiis noctis capiere serenae.[2])

Aus dieser Stube geht man noch 33 Stuffen hinauf nach der specula. Unten an dem Berge, darauf dieses Hauss liegt, ist ein lustiger Parc mit 2 Reihen Bäumen und etlichen Damhirschen.

Nicht weit von der Royal Exchange ist eine Gasse Bash-lane genand, in welcher **das erste Hauss** zu sehen, welches nach dem grossen Brande in London wieder gebauet ist; es hat zum Enseigne einen Büren mit dieser Unterschrifft: The first rebuilt in London. Bey der Westmünster Kirche ist die **Westmünster-Halle**, in welcher des Königs Banck ist, und noch 2 andere Gericht-Plätze, oben auf der einen Spitze des Dachs stacken von vieren noch 3 Köpfe, darunter Cromwels Haupt mit sein soll.[3])

Der **Temple** ist vor diesem eine Wohnung der Templariorum oder Tempelherrn gewesen, wie diese aber ausgerottet, ist dieses Gebäude denen studiosis und doctoribus juris eingeräumet, die daselbst ihre Häuser und eine schöne grosse Halle zur algemeinen Zusammenkunfft haben. v. pres. state of Engl. part. 2 p. 250. An dem porticu inwendig stehen diese Worte: *Vetustissima Templariorum porticu igne consumpta an. 1678 nova haec medii Templi sumptibus extructa an. 1681. Gulielmo Whitlocke Arm. thesaur.* Ihre Kirche ist mehrentheils auch gantz neu gebauet. In dem alten Eingange stehet ein alter Tauffstein, und liegen in einem eisernen Gegitter an der Erde 9 aus Stein gehauene Bilder der alten Ritter in voller Rüstung mit Schilden und Schwerdtern.[4]) An der rechten Seiten stand des berühmten Seldeni epitaphium in Stein gehauen.[5])

---

[1]) Über Greenwich, das dort von Karl II neu aufgeführte Schloss (später Hospital für Seeleute) den Park und das berühmte Observatorium vgl. Uffenbach II 444 ff. Büsching II S. 1556 f. Delices zu p. 830 Der eine grosse Quadrant „von sonderbarer Invention" ist bei Uffenbach zu S. 448 (Fig. XLI) abgebildet.

[2]) Die Uhr mit der Inschrift erwähnt auch Uffenbach II 447.

[3]) Westminster-Hall diente zu Gerichtssitzungen. Oliver Cromwell's Leiche wurde nach der Restauration der Stuart's unter Karl II wieder ausgegraben und gevierteilt. Vgl. Macaulay, Gesch. Englands. Bd. I S. 139.

[4]) Der Temple, eine an der Themse gelegene Gruppe von Gebäuden, ist abgebildet in den delices zu p. 933.

[5]) Die lange lateinische Inschrift auf dem Epitaph des berühmten Gelehrten John Selden (1584—1654) in einer Nische links vom Altar der Temple-Kirche ist hier bei Seite gelassen, ebenso eine zweite Inschrift auf einen Martinus juris consultus und chronologus der K. Elisabeth, dessen Statue mit rothem Talar v. Melle an der linken Seite des Chor's sah. Vgl. Bädeker, London S. 123.

Das Lambeth-House[1]) ist auf der andern Seite der Tamse, die Residence des Ertzbischoffs von Canterbury. Inwendig sitzt an der Pforte ein Thürhüter mit einem langen violetten Talar und beschlagenen grossen Stabe. Man wird herumgeführet in den Gemächern, auch wol nach Gelegenheit der Zeit und Personen zur Taffel genötigt von des Bischoffs Leuten. Die Bibliothec ist ein viereckigt Gebäude mit vielen Büchern angefüllet, deren Bände alle vergüldet sind. Nahe darbei ist eine feine Capelle, darin der Gottesdienst verrichtet wird. Vor dem Altar auf dem Boden, der mit weiss- und schwartzem Marmor gepflastert ist, stehen diese Worte: *Corpus Matthaei archiepiscopi tandem hic quiescit.* Eben dieses Ertzbischoffs steinerne Tombe stehet in dem Vorgemach oder entrée dieser Capelle, und siehet man daran eine kleine Messings-Taffel mit diesen Worten: (welche der jetzige Ertzb. D. William Sancroft aufgesetzt) *Matthaei archiepiscopi cenotaphium.*[2])

Gegen dem Pallast des duc de Jorck oder S. James über ist ein schöner Parc der Hide-Parc genandt, da des Abends viele Kutschen (aber keine gemietete) herumfahren. Neben an hat der Earl of Clarendon, sonst Hide genandt ein schönes Hauss gebauet, welches jetzund abgebrochen wird. Dieser Canceler von Engelland ist eines Fleischers Sohn und anfangs ein schlechter doctor juris oder Lawjer gewesen, hernachmahls aber so hoch gestiegen, dass er Reichs-Canceler und des duc de Jorck Schwiegervater geworden.[3]) Doch wie er diese Gewalt geführet, zeugen folgende Verse, die seinen Lebenslauff begreiffen:

Pacto uno, binis thalamis, belloque triformi
Lege empta, Gallis repetundis, fraude teloni,
Principis edicto, populi prece, fraude senatus,
Regnum perdidit, aedes condidit, exuit ostrum.

Neben der grossen Brücken über die Tamse (darauf noch etliche 20 Köpfe der Verräter stecken), ist das Wasserhauss, alwo man die Maschinen siehet, damit das Wasser 158 Stuffen hinaufgehoben wird, dass es desto tieffer fallen und durch die gantze Stadt geleitet werden möge. Man kan auch alhier die Stadt sehr wohl übersehen.

Den 4. September fuhren wir mit der fliegenden Kutsche eine Tagereise 47 Meilen 10 nach Oxford. Unterwegen etwan auf die Helffte (doch Oxford näher als London) sieht man auf einem hohen Berge eine Kirche stehen, davon man die Tradition hat, dass man selbige im Thal zu bauen angefangen, alle Nacht sey aber dasjenige, was man am Tage

---

[1]) Von Lambeth-Palace nebst der alten Kapelle und dem bis an die Themse reichenden Garten hat v. Melle auf einem Blatt des Tagebuchs eine hübsche Federzeichnung angefertigt. Vgl. oben S. 5 und die Abbildung in den delices zu p. 949. — Sancroft war Erzbischof von Canterbury (1677—93).

[2]) Hier folgt noch eine lateinische Inschrift, welche besagt, dass das Grab des Erzbischofs Matthaeus a sectariis perduellibus an. 1648 erbrochen und ausgeplündert, und erst unter Karl II. ex decreto Baronum Angliae wiederhergestellt sei.

[3]) Eduard Hyde, von Karl II. zum Earl of Clarendon ernannt, war unter jenem König Kanzler des Reiches und Leiter der englischen Politik bis zu seiner Verbannung im J. 1667. Seine Tochter war mit dem Herzog von York (Jakob II.) verheiratet. Vgl. Macaulay a. a. O. S. 154 ff. 176 f.

6*

gebauet (weiss nicht von wem) auf den Berg geführt, und die Leute also genötiget worden, die Kirche droben zu bauen. Mir nahmen unsere Einkehr in Oxford bei Mrs. Mountfort gegen dem Theater über, da Prof. Edw. Bernard, Baron Sparr und andere zu Tische giengen. Der Zustand der Oxforder Akademie ist dieser:

Oxonium Angliae fere meditullium occupat, situm loco amoenissimo, qui apud antiquos Bellositum audiit, inter flumina Cherwellum et Isidem, quae sub moenibus urbis confluentia, moxque Tama flumine juncta, celeberrimum Angliae fluvium Tamisim pariunt.[1] Academiae origines vetustate obscurae sunt. Alfredus rex circa an. 880 Scholas Oxonienses non tam instituit quam instauravit. Proximis ab eo saeculis ibi studia floruisse testatur alumnus loci Ingulphus Abbas Croylandensis, qui vixit an. 1050. Postea magis magisque inclaruit.[2] Rem omnem singulari libro prosequutus est Antonius a Wood, cujus operis titulus hic est: Historia et Antiquitates Universitatis Oxoniensis, 2 voluminibus comprehensa. Oxonii 1674 fol. Epitomen hujus operis habemus inscriptam: Notitia Oxoniensis Academiae. Londini 1675. 4⁰.[3]

Caroli I. Regis et Guil. Laud Archiepiscopi Cantuariensis, Academiae Cancellarii, auspiciis et opera prodiit an. 1636 Corpus Statutorum Academicorum, cujus authenticum exemplar sigillis tum Archiepiscopali et Cancellariatus tum Regio confirmatum, in frequentissimo Academicorum senatu subscriptionibus et juramentis Praefectorum receptum est. Excerpta ex hoc corpore extant, minori forma typis excusa Oxonii 1671. — —[4]

De Bibliotheca.

Oxonii Bibliothecam primum adornavit Humfridus dux Glocestrensis. Bonus cognomine, Henrici VI. R. patruus. Aliam bibliothecam seorsim addidit Joannes Whethamsted, Abbas S. Albani, alias Frumentarius et de grano tritici vocatus.[5]

Haec omnia cum (1547) manus sacrilega rapuisset, Academia fere 50 annos bibliotheca caruit, donec tandem D. Thomas Bodley, equestris dignitatis vir, praesentem

---

[1] Oxford liegt am Zusammenfluss des Cherwell und der Themse, die im oberen Laufe auch Isis heisst.

[2] Die Gründung einer eigentlichen Universität, welche man irrtümlich Alfred dem Gr. zuschrieb, wird neuerdings meist erst in das 12. oder 13. Jahrh. verlegt. Vgl. V. A. Huber, die Englischen Universitäten. Bd. 1 S. 57 ff.

[3] Von diesen beiden Werken ist das letztere (Notitia Oxon.) von J. v. Mello vielfach benutzt, so dass der im Tagebuch folgende lateinische Bericht über die einzelnen Institute. Colleges und Halls der Universität Oxford nur als ein Auszug daraus erscheint und deshalb hier grösstenteils übergangen werden kann. (Vgl. S. 8.)

[4] Hieran reihen sich im Tagebuch folgende Abschnitte: *Magistratus Academiae. Templum Academicum. Theatrum Sheldonianum. De bibliotheca. De scholis publicis.* Da von dem letzteren Abschnitt über die berühmte *Bodleian Library* nur die beiden ersten Absätze aus der Notit. Oxon. p. 44—48 geschöpft sind, habe ich ihn hier aufgenommen.

[5] Joh. Whethamstede, im J. 1410 Abt der Benedictiner-Abtei St. Alban, gest. 1464.

hanc plane regia instruxit magnificentia ab an. 1599 ad 1605 collatis ad ornatum illius plus quam 200 librarum Gallicarum millibus.

Palatium, quo repositi sunt libri et supra collegium Theologicum, et primo figuram τοῦ T expressit, postea accessione Legatorum Laudiani et Seldiani in figuram τοῦ H mutatam. Partem, quae litterae T stipitem erectum exprimit, olim princeps aliquis aedificaverat, alteram partem Bodlaeus adjecit.[1] Super introitum ad collegium Theologicum haec verba litteris aureis adscripta sunt: *Quod feliciter vortat, Academici Oxonienses. Bibliothecam hanc vobis reipublicaeque literatorum.' T. B. P.*[2])

Libri omnes catenulis sunt alligati suis repositoriis, ut promere et evolvere sed non auferre eos possis, nisi reserata, qua catenulae volvuntur, pertica ferrea.

Numerum et nomina refert impressus catalogus, qui typis exscriptus prodiit primum in 4to postea recusus Oxon. 1674 fol. cura et opera Thomae Hyde, Protobibliothecarii.[3])

Manuscripta peculiari asservantur receptaculo cuivis non patente; quorum plurima, et quidem 1300 selecta volumina, dono Guilielmi Laud Archiep. Cantuar. 1636 huc accessere; quae, prout titulus repositorii refert, novemdecim linguarum sunt: Hebraica, Syriaca, Chaldaica, Aegyptiaca, Aethiopica, Armenica, Arabica, Persica, Turcica, Russica, Chinensia, Japanica, Graeca, Latina, Italica, Gallica, Saxonica, Anglica, Hibernica.

Intranti Bibliothecam occurret vastum et pulcherrime compactum volumen, cui nomina benefactorum Bibliothecae inscripta sunt.[4]) Inter quos eminet ante dictus Archiepiscopus, et qui sequuntur: Guilielmus Herbert Baro Pembrochianus, qui an. 1629 Bibliothecam Baroccianam, Kenelmus Digby qui 230 Mss. volumina an. 1634 bibliothecae addidere.[5]) Accessit Musaeum Seldenianum volumina plus minus 8000 complectens.

Inter rariora hujus Bibliothecae diversis scriniis asservata tibi monstrantur sequentia: Liber ms. in charta, forma 4º, cui titulus: τοῦ σοφωτάτου τοῦ Μανουήλου τοῦ Φιλή σχεδάρχικὴ πρὸς τὸν Αὐτοκράτορα Μιχαὴλ τὸν Παλαιόλογον περὶ τῶν ζώων ἰδιότητος. Adpictae sunt elegantissimae animalium imagines.[6]) — Duo breviaria Mariae reginae, nitidissime in membrana exarata et picta. Uni paginae ipsa Regina adscripsit nonnulla Anglico

----

[1] Vgl. Uffenbach III 89 ff.: Damit man sich aber die Gänge, darnus die Bibliotheck bestehet, besser einbilden könne, so ist zu wissen, dass die Bibliotheck wie ein umgekehrt H seye und zwar also ⊥. Vor der durch die Schenkungen von Laud (Erzbischof von Cauterbury 1632–45) und John Selden (1584–1654) veranlassten Erweiterung hatte das Gebäude die Gestalt eines T.

[2] Diese Inschrift findet sich auch in dem Werke von Wood, hist. et ant. Oxon., welches einen Abschnitt *bibliothecae publicae* (vol. II p. 18–53) enthält und dort namentlich von der Bodlejana handelt.

[3] Catalogus impressorum librorum Bibliothecae Bodlejanae in academia Oxoniensi. Oxonii 1674 fol. Auf dem Titelblatt ist ein Bild des Gebäudes.

[4] Aureis umbilicis fibulisque fulgidum (volumen) Notit, Oxon. p. 47. Vgl. Uffenbach III 110.

[5] Kenelmus Digby (1605–65) war ein Gelehrter und Staatsmann unter Karl I. und Karl II.

[6] Manuel Philes aus Ephesus im 14. Jahrh. u. Chr. verfasste didaktische und panegyrische Gedichte in jambischen Senaren, darunter eins von den Eigentümlichkeiten der Tiere. Vgl. Schöll, Gesch. d. griech. Litt. III S. 90.

— 46 —

sermone. — Les Proverbes de Salomon escrites par Esther Anglois, Françoise. a Lislebourg en Escosse 1599. 4". In hoc libro admiranda est scripturae varietas et elegantia. — M. Tullii Ciceronis Officia. primum omnium librorum typis excusa per Joh. Fust. Moguntinum civem. 1465 fol.[1] — Acta Apostolorum antiquissima Mss. in membr. Graeco-Latina. In fine additum est Symbolum Apostolicum latine. In quo desunt verba: *descendit ad inferos*. — Varii libri Sinici, quorum nonnulli habent imagines cuivis paginae superadditas — Liber Malabaricus, foliis ligneis inscriptus, perforatis transmittendo filo. — Liber Mexicanus hieroglyphicus, icones referens discolores. — Liber, quo sunt pictae habitus Turcici et Orientalium aliorum figurae. — Alcoranus nitidissimus Ms. 4°. — Biblia Armenica typis excusa 4°. — Liber Indicus, lineis a suprema paginae parte ad inferiorem perpendiculariter descendentibus etc.

Haec bibliotheca singulis diebus per 6 horas cuivis (sed secundum statuta Academiae) ingredienti patet.

Ex bibliotheca gradibus ascendas ad largissimum quoddam ambulacrum (Gallerie) mappis nonnullis Geographicis et Topographicis exornatum, sed praecipue pictis iconibus tum fundatorum et procuratorum Academiae, tum virorum omnis saeculi eruditorum.

Ingredienti ad manum sinistram occurrunt fundatores collegiorum, quorum agmen claudit Jacobus dux de Ormond. hodiernus Academiae cancellarius[2], nec non Thomas Bodlaeus cum hac inscriptione: *Posteris et aeternitati sacrum. THOMAE BODLAEI quicquid mortale tabella, ingentemque animum Bibliotheca refert. Hospes rogatus siste, Bodlaeumque loci genium et Musarum Mecenatem ultra Caesares Augustum, qui Bibliothecam molemque hanc stupendam condidit, intuere. Hoc volui, nescius ne esses. Vale.*

Ad dextram viri eruditi videndi sunt sequentes.[3]

Ad dextram quoque occurrit camera, qua nonnulla visu digna continentur. videlicet: Sella lignea e reliquiis tabulatorum navis Dracanae (quae totum circumiit terrarum orbem) facta 1662.[4] — Variae icones elegantissimae acu pictae. Addita est imago foeminae artificis. — Laterna illa, qua usus est, et cum qua deprehensus Guido Faux in crypta subterranea, ubi domo Parlamenti difflandae operam dabat.[5] — Magna urna sepulcralis fictilis; alia minor. — Vas lacrymatorium fictile. — Lucerna fictilis. — Tunica discolor (fusci, albi, caeruleique coloris, flavo serico duplicata), quam Josepho tribuunt. — Arma, tuba, clava Indica. — Tabula ex nigro marmore, cui innata protuberat verissima grisei crocodili imago. Mappa Geographica Turcica, sermone Arabico. forma ∇.

In eodem ante-dicto Ambulacro duo sunt Nummophylacia, alterum cum hac inscriptione: Archiva Nummaria, a Rudolpho et Gulielmo Freke de Hannington in Agro

---

[1] Der Titel dieser editio princeps von Ciceronis Officia et Paradoxa (Moguntiae 1465) ist richtiger und vollständiger in Panzer, annales typogr. II 115,

[2] James Butler, Duke of Ormonde (1610—88), englischer Staatsmann. Vgl. Not. Oxon. p. 17,

[3] Hier folgen die Namen von 28 Gelehrten, deren Bilder an den Wänden der Porträt-Gallerie hängen.

[4] Ein Lehnstuhl aus dem Schiffe des Weltumseglers Franz Drake. Vgl. Uffenbach III 101.

[5] Vgl. S. 30 Anm. 3.

Wilton (D. Thomae Freke Equitis Aurati filiis) nativitate et in Academiam charitate fatribus germanis, condita an. dni CIƆIƆCLVII.

Alterum Nummophylacium hoc modo inscribitur: Archiva Nummaria Reverendiss. Gul. Laud Cantuariensis Archiepiscopi. Anno domini CIƆIƆCXXXVI.[1]) Inter alia etiam minutissimus quidam liber ibi asservatur (catenulae argenteae alligatus cui omnes Psalmi, tribus vel quatuor foliis, abbreviatura Anglica inscripti sunt—[2]).

Den 8. Sept. kehrten wir wieder umb, und fuhren mit der Flying Coach in einem Tage nach London.

Von London fuhren wir $\frac{7}{17}$ Sept. mit einem Bote die Temse hinunter nach Gravesend (worgegen über ein gross Castel an der Temse liegt, längst dem Wasser her mit vielen Stücken) von dannen am $\frac{7}{17}$ Sept. Mittags zu Schiffe gangen auf einer frantzösischen Fregatte von Diepe. Am Abend mussten wir wegen contrairen Windes Anker werffen, den andern Morgen fuhren wir wieder fort, liessen die Stadt Marget zur rechten Hand liegen, und wurffen darauf wieder Ancker auf den Nachmittag und die Nacht durch bey Tanet zum Pharo oder Leuchte.[3]) Den folgenden Mittag $\frac{7}{17}$ Sept. liessen wir uns zu Deal an Land setzen (welche Stadt an jeglicher Seite ein Castel hat), und nachdem wir daselbst gespeiset hatten, gingen wir den Abend zu Segel, und gelangten den folgenden $\frac{7}{17}$ Sept. am Sontage gegen Abend umb 7 oder 8 Uhr glücklich in Franckreich

zu Diepe an.

Log. au prince d'Orange. Am $\frac{7}{17}$ Sept. zu Pferde nach der Stadt

Rouen

12 Meilen. Logirt à la rue des Carmes à la Tour d'argent (1 Pistole defrayirt). Von dannen $\frac{7}{17}$ Sept. zu Pferde mit dem Messager durch Fleury nach Eseny[4]), 7 Meilen, daselbst gespeiset zu Mittags, hernach 7 Meilen durch S. Cler, Chapelle, S. Gervaise nach dem Flecken Magny, daselbst Nachtlager gehabt aux 3 cinots, am $\frac{7}{17}$ Sept. 6 Meilen nach der

---

[1]) Nach den Titeln der beiden Münzkabinete sind einige Münzen aufgeführt, die hier fortbleiben.

[2]) In dem nächsten Abschnitt *hortus academicus* sind einige seltene Pflanzen aufgeführt. Es folgen dann in dem Tagebuch (S. 51—58) die verschiedenen collegia (colleges) mit kurzen Notizen über ihre Gründung und Geschichte, nämlich 1. *University-Colledge*. 2. *Balliol-Colledge*. 3. *Merton-Colledge*. 4. *Exeter-Colledge*. 5. *Oriel-Colledge*. 6. *Queens-Colledge*. 7. *New-Colledge*. 8. *Lincoln-Colledge*. 9. *All-Souls-Colledge*. 10. *Magdalen-Colledge*. 11. *Brazen-Nose-Colledge*. 12. *Collegium corporis Christi*. 13. *Christ Church*. 14. *Trinity-Colledge*. 15. *S. Johns-Colledge*. 16. *Je_us-Colledge*. 17. *Wadhams'-Colledge*. 18. *Pembrock-Colledge*. Den Schluss bilden die Aulae (Halls): 1. *Glocester-Hall*. 2. *Hart-Hall (Aula cervina)*. 3. *Albon-Hall*. 4. *Edmond-Hall*. 5. *S. Mary-Hall*. 6. *New-Inn. (Novum Ho_pitium)*. 7. *Magdalen-Hall*. Alle diese Angaben sind lediglich Auszüge aus der Notitia Oxon. p. 48—101.

[3]) Gemeint ist Margate auf der Halbinsel Thanet.

[4]) Soll wohl Ecouis zwischen Fleury und Magny sein. Der nächste Ort S. Cler heisst sonst S. Clair.

Stadt Pontoise, daselbst Mittagmahl gehalten, dann noch 6 Meilen durch Franconville (zur lincken Montmorancy, S. Denys etc.) durch die Faubourg S. Denys, nach der Stadt

PARIS.

Erstlich eingekehrt an Moulinet d'or, rue S. Martin, hernach logirt rue neufve S. Mederie au parfumeur Romain bei Mr. Dacher.[1] 6. Oct. nach S. Germain en Laye etc. 7. Nov. nach Versailles etc. Den 19. Nov. von Paris auffgebrochen, und mit dem Messager zu Pferde gereiset, über Claye nach Meaux, woselbst übernachtet.

Ferner durch Champagne nach Chalons, und den 24. zu Nancy angelanget. Von dar nach S. Nicolas und Luneville etc. Den 27. zu Saarburg angelanget, und zu Zabern übernachtet. Den 28. Mittags zu Strassburg, alwo bey Herrn D. Sebastian Schmidt auf dem Thomas-Plan, an Tisch getreten und ins Hauss gekommen.[2]

Den 8. Dec. mit der Kutsche nach Lichtenau, den 9. nach Rastatt und Durlach, 10. nach Philipsburg und Heidelberg. 11. nach Ensheim[3]) und Zwingenberg. 12. nach Langen und Franckfurt am Mayn. 13. nach Friedberg. 14. nach Butzbach, Giessen und Lollar. 15. nach Marburg und Gussbach. 16. nach Fritzlar und Godensberg. 17. nach Cassel und Münden. 18. nach Nordheim. 19. nach Einbeck und Limmer. 20. nach Eltz und Hannover. 22. nach Zelle, dann zum Zollenspiker über die Elbe. 23. nach Hamburg. 25. als am 1. Weihnachtstage frühe nach Lübeck.

S. N. D. B.

---

[1]) Hier hört das während der Reise geführte Tagebuch auf. Das Folgende ist, wie in der Einleitung (S. 5 f.) gezeigt wurde, von J. von Melle in späterer Zeit hinzugefügt.

[2]) Auf dem Wege zwischen Paris und Strassburg sind zahlreichere Städte und Stationen angegeben in dem von M. unterwegs beschriebenen Blatte (vgl. Einleitung S. 6). Über seinen Aufenthalt in Strassburg vgl. seine Selbstbiographie (S. 2).

[3]) In den hier folgenden Städtenamen sind einige Ungenauigkeiten. Es steht nämlich im Tagebuch *Ensheim* für *Bensheim*, *Gussbach* für *Josbach*, *Godensberg* für *Gudensberg*.